Pier Vittorio Tondelli (Correggio 1955) ha studiato all'Università di Bologna. Dopo *Altri libertini*, che ha segnato il suo clamoroso debutto nel 1980 ed è stato riproposto recentemente nell' "Universale Economica" feltrinelliana, ha scritto tre romanzi: *Pao Pao* (1982), *Rimini* (Bompiani 1986) e *Camere separate* (Bompiani 1989). Ha curato alcune antologie di giovani scrittori italiani e collabora a numerosi periodici italiani e stranieri.

PIER VITTORIO TONDELLI
PAO PAO

Feltrinelli

Prima edizione in "I Narratori di Feltrinelli" ottobre 1982
Prima edizione nell' "Universale Economica" aprile 1989

ISBN 88-07-81072-7

Ma Renzu, il mio grande amico Renzu, lo rivedo dunque per l'ultima volta in una parata primaverile di granatieri a Roma, a quasi un anno da quel nostro primo e gelido inizio di servizio militare su alla rupe di Orvieto, fine aprile dell'ottanta o giú di lí, ma ancora un vento gelido e sferzante spazzava la piazza d'armi mentre i ragazzi marciavano e correvano, i ferrei granatieri, i prodi artiglieri e i piccoli e saettanti bersaglieri che incontravo ogni giorno all'infermeria con vescicacce aperte e contusioni ai piedi per via di quegli anfibi cosí rigidi e appunto cosí militareschi che dovevano calzare come scarpettine da danzatrici e batterci sopra i ritmi e la grancassa come proprio allievi del Bolscioj.

All'infermeria del Car io andavo a vomitare e lamentarmi per la sinusite che con quel freddo era tornata a farsi viva, la maledetta, ma nessuno era capace di curarmi, le inalazioni non si potevano fare, solo aspirine si potevano fare, per via rettale e per via orale, nel braccio nel culo e nella panza, solo aspirina, come una barzelletta da caserma, se hai mestruo o menopausa l'unica cosa che ti salva è il pasticcone di aspirina FFAA una specie di bomba ad ogiva grande come cinquantalire che poi ha procurato ulcere di stomaco, dissenterie e diarree. In quell'inizio di servizio militare dunque stavo da cane per via dei miei malanni e quando il fratello telefonò da Pesaro per sentire come me la cavavo e come andavano le mie cose io piansi, come una vite tagliata, si ruppe tutto e piansi, a ventiquattranni piansi rintanato nel telefono d'angolo dello spaccio, vergognoso e intrippato, piansi e mi disperai e non avevo parole e dissi solo sto di merda che di piú non potrei, e allora il fratello fece altre telefonate, anche lui era di leva in quell'anno benché ormai alla fine, si sarebbe congedato ad agosto con il grado di tenente medico, ma forse l'ha sofferto piú lui questo apprendistato in divisa, lui ventottenne sposato e un po' spiantato, l'avevano beccato ai corsi AUC con un telegramma espresso esattamente dieci giorni dopo la sua cerimonia di nozze, nessuno se lo aspettava, ma quando la Patria chiama si deve partire, alzare i tacchi e salutare.

Il fratello se ne stava dunque al Car di Pesaro Urbino ma faceva vita piú da pendolare che da ufficiale, una settimana a casa e una in infermeria, un tran-tran cosí precario da lasciarci le penne. Però mi venne in aiuto, lui continuava a dirmi: "Ti faccio venire con me a Pesaro, vedrai non mi sarà difficile, ti metto in infermeria come aiutante di sanità, non farai né appelli né contrappelli, licenze te le firmo io, vedrai vedrai". Ma io avevo talmente il terrore di questi dodici mesi da schiavo che preferivo non pensarci e continuavo a dirgli quando sarà ora ce la farò, vedrai ce l'ho sempre fatta, in fondo che saranno dodici mesi, no, no non ci voglio pensare ora, ho tutt'altre storie per la testa, figurati se penso a queste cose qui, no lasciamo tutto in mano al destino, chi lo sa... Ma il destino arrivò puntuale e maledetto con la cartolina azzurra di chiamata alle armi per il sedici aprile al 6° Btg. granatieri "Guardie" di stanza alla caserma Isonzo in Orvieto, Terni. E io partii.

Un lungo viaggio dentro alla notte, in piedi davanti alla ritirata della carrozza con il sacco di tela blu pieno di cose e oggettuncoli e souvenirs, qualche mia foto con gli amici, qualche libro di Le Carré, un po' di angoscia che trattiene il respiro ogniqualvolta mando il pensiero a ciò che m'attende, ma anche tanta curiosità e voglia di non sottomissione e dirmi sempre che dopo i trip e gli amori buchi e le paranoie della vita in provincia non può accadermi nulla di peggio, ormai sono temprato, un po' di paura che fa sempre bene sentirsi vibrare addosso nell'entrare in storie sconosciute, ma anche calma e se è possibile serenità, insomma sono pronto.

Il treno dondola dentro alla notte, la carrozza è zeppa, mi stendo in terra a fumare, tiro una canna con del nero ottimissimo che hanno regalato gli amici del borgo qualche sera prima, non ho fatto nessuna festa d'addio, non mi piacciono gli addii, ho imparato a scantonarli; non esiste nulla di definitivo figuriamoci gli addii e i fazzoletti e le strizzate di mano.

Ho preso il treno a mezzanotte e venti su consiglio del fratello che ha decretato solenne: "Prima arrivi nella bolgia e meglio è. Se sei già lí di mattino presto puoi essere selezionato coi primi, sceglierti la branda e l'armadietto, avere già i vestiti e soprattutto iniziare dall'inizio". Sublime tautologia che ha reso però l'entrata nell'esercito d'Italia nient'affatto violenta, ma una sorta di penetrazione soffusa e assonnata, sono arrivato a Orvieto alle sei e mezzo del mattino, ho atteso con altri pochi sventurati l'arrivo del camion militare, ho declinato le mie generalità e sono stato portato su alla rupe quando ancora la caserma doveva svegliarsi e quindi è stato una specie di risveglio lento, sono entrato in purgatorio e non all'inferno come invece è successo a tanti altri arrivati di sera o di notte, attesi dalle grida dei najoni e dei vecchi, strapazzati, urtati, scaricati da un ufficio all'altro, senza lenzuola e senza branda, tutti per terra sui loro sacchi, come bestie, gente che aveva il fiato corto e la gola secca e insomma avevi in pieno il senso di una nuova storia che ci avrebbe invischiati per tanti mesi e poi ancora altri e altri ancora, a distanza di anni dal congedo, sarebbero riemerse certe immagini e scattati quei benedetti flash che ogni militare ha, devi tornare a soldato. Ma io sono arrivato presto nella nebbiolina di Orvieto-Scalo senza salutare nessuno al borgo, partendo come un fuggiasco al culmine della notte, come un ladro già deciso a lasciarmi tutto dietro alle spalle. E già sul convoglio ho fiutato immediatamente altri visi e altre storie, ragazzi che partivano come me per la prima volta e soldati che tornavano in caserma per l'ultima licenza, si sarebbero congedati da lí a qualche giorno. Ma ero molto sicuro di me e mi facevo forte dicendomi non permetterò certo ai militari di distruggermi, oh non mi ridurrò come Vinny mai piú uscito dal trip in divisa, ormai cariatide di se stesso che si ficca dentro di tutto e tratta le sue braccia come bidoni della spazzatura buttando ero, anfetamine, valium, roipnol con le siringhe, stravolgendosi con supposte micidiali a base di morfina e oppio che danno ai malati di cancro al retto, pasticcandosi di acidi ed eccitanti, iniettandosi sotto la lingua con aghi sottilissimi, facendosi nelle gengive, nei piedi, sulle mani, dietro ai ginocchi, sul cazzo, sul collo, ovunque senta un po' del suo marcio sangue pulsare Vinny sa che quello è il posto giusto, povero Vinny che ha iniziato a farsi proprio in quei mesi in divisa a Pordenone, scoppiato fatto per via delle guardie stressanti una dietro all'altra, settimane senza riposare né dormire e allora giú con gli eccitanti almeno per star sveglio in quelle garitte solitarie come la cella di un condannato a morte e poi le anfetamine in vena che smaltiva correndo nel piazzale con gli altri bersaglieri, la fatica, la spossatezza, correre, correre e non dormire e allora dentro gli acidi e la polvere e il brandy dello spaccio e il cordiale del perfetto militare, Vinny ha cominciato cosí spacciando poi nelle camerate, gli hanno trovato un giorno un bel po' di roba, l'ispezione è passata, Vinny davanti al suo armadietto che tremava e tremava e sudava e si diceva bè almeno mi cacceranno via di qua, meglio la galera che l'altana, e invece il capitano apre l'antina, il tenente fruga tra gli abiti, le bustine sono lí, evidenti, che brillano alla luce davvero come neve, Vinny che sta crollando, loro che abbassano gli occhi, fingono di non vedere niente, richiudono e passano avanti e Vinny la sera alle cinque torna a montare di guardia, cosí per sempre... Vinny che vedo pochi giorni avanti la mia partenza e ancora mi racconta chiuso nei cessi del bar sottocasa di come trafficava e di come passava le licenze rincorrendo i pusher per mezzitalia e io che dentro a quel cesso ignobile gli reggo il braccio e glielo tiro e lui che non becca la vena, io che sudo e gli dico fai presto fai presto e lui che spreca mezza siringa tentando di eliminare le bolle e io fisso nella testa il pensiero non mi ridurrò come

Vinny, no, non lo permetterò, non sarà certo il militare che mi farà scoppiare cosí... E allora benché conoscessi di queste allucinanti storie sulla vita in divisa, storie date di prima mano e nelle situazioni piú impensate, sapevo che il rischio maggiore che avrei corso non sarebbero stati i militari ma gli stessi compagni. Con loro avrei avuto a che fare giorno e notte, ufficiali e marescialli allora non mi impensierivano, credevo di sapere come cavarmela con loro, per questo ero molto calmo in quell'ingresso di naja, e forse ingenuamente anche un po' contento per il fatto che avrei conosciuto gente nuova e forse bella e che quindi sarebbe stato come sempre un anno con i suoi dolori, ma anche con i suoi amori. Cosa che puntualmente è giunta.

A differenza di molti altri appena arruolati sapevo già non solo la mia destinazione definitiva, ma anche l'incarico e il ruolo che avrei svolto sotto leva. Al Distretto di Modena, qualche giorno prima della mia partenza, una talpa nient'affatto discreta mi informò di tutto questo dicendo che ho l'incarico 231/A equivalente a "caporale istruttore" e che dopo l'addestramento farò un breve corso per essere inserito nel quadro permanente dell'Orviet-nam da cui nessuno piú spostarmi potrà. La notizia era abbastanza buona, starsene in un Car è abbastanza un privilegio perché non si fanno campi armati ed esercitazioni in tenda, e insomma non si è reparto operativo ma semplice battaglione addestrativo. Inoltre ogni venti giorni cambia completamente la fauna dei militari, arrivano i nuovi, c'è un ciclo continuo che permette di respirare un po' e scalare i mesi con molta meno noia che in altre carceri. Abbiamo quindi brindato e bevuto quella mattinata di spionaggio e insomma, sul treno, possedevo già un minimo di coordinate possibili, sapevo che avrei sempre preso quel convoglio, che la stazione di Orvieto mi sarebbe divenuta familiare, che in quella piazza d'armi avrei fermato il tempo, che non sarei stato trasferito; che avevo un solo grande adattamento da compiere per cui non avrei dovuto, dopo un paio di mesi, ricominciare tutto da capo, che il vino di queste parti mi avrebbe sempre sorretto e avrei sempre avuto a disposizione una navata del Duomo tutta mia per piangere e disperarmi o fare meditazione trascendentale. Cosí che arrivato alla caserma guardando i muri mi dico: mi affezionerò a queste pietre, soffrirò su questa piazza gelida, fumerò e mi innamorerò sotto al porticato e tutto insomma scorrerà via senza tanti intoppi fra pene, amori e delusioni e tutto finirà come è iniziato, un altro treno e via pronti per la solita storia... Faccio i conti con me stesso, potrei essere a lavorare, in carcere, in colonia o a scuola, è la stessa storia, esattamente identica, che c'è di diverso fra un capitano e un capufficio, un professore e un maresciallo? Nulla. Sempre nell'istituzione, sempre gente a controllarti, sempre dover rendere conto, non sono mai stato libero e non lo sarò mai, il mondo mi può cadere addosso fra un momento e allora che vado fantasticando? Di che cianciando? Ero già del tutto preso dai miei bisogni di diffusione d'amore per le stanze e gli oggetti e le atmosfere, già curiosavo tra gli alberi e i cespugli, già sognavo e fantasticavo e mentre scendevo dal camion, volgevo lo sguardo attorno come un matto, volevo vedere e sapere e digià conoscere, non seguivo la fila degli altri che parevano mezzi condannati a morte con la testa bassa e lo sguardo spento, io mi sentivo un fuoco di curiosità e soprattutto la voglia di cominciare e di andare dentro, prima si fa meglio è, prima ci si dice questa è la mia storia e non c'è niente al mondo che possa scostarla di tanto cosí, prima ci si mette la coscienza in pace e allora si possono aprire gli occhi e guardare e curiosare e allacciare immediatamente sguardi di complicità, scrutare i muri, sbirciare i cessi, odorare le camerate e i corridoi, leggere gli annunci e i doveri del soldato, piazzarsi all'interno dell'ambiente, circondarlo del tuo self, allungare e protendere la propria storia per inscenarla lí, d'ora in poi è tutto lí, sarà tutto lí.

Ho addocchiato immediatamente i luoghi in cui avrei potuto fare canne. Dopo ho imparato che non esistono luoghi appositi in caserma, è tutta la caserma che è una fumeria peggio di Istanbul dalle cucine alle latrine, dai dormitori ai consultori, dai magazzeni agli uffici alle garitte alle panchine al monumento al prode granatiere, tutto va bene, tutto fa brodo, tutto è fumo con l'arrosto. Ma questo non potevo saperlo allora quando avevo in tasca quelle caccole di nero che stavo già immaginando dove piazzare. Insomma guardavo e curiosavo, non parlavo, questo assolutamente no, non ero loquace quella mattina, c'ero solo io e volevo essere solo io. Dovevo fare tutte le mie cose e distribuire attorno i pezzetti del mio dissennato senso come in un giochetto di costruzioni, là andrò a bere, là a pisciare, qui a dormire e lí ahimé a soffrire. Camminavo con gli altri nuovi nel piazzale, ci hanno rinchiusi nella grande palestra e lí c'è stato piú niente da fare. Sono crollato di botto negli occhi di Lele. E non ho piú potuto fingere d'essere solo.

Lo stanzone palestra in cui resterò per quasi due ore insieme a gruppi sempre nuovi di reclute ha delle strette e alte finestre che guardano verso la strada. Ci sono alcuni materassini ginnici polverosissimi sui quali molti si sdraiano; c'è un cavallo con maniglie, ci sono funi e pertiche, ma soprattutto c'è questo grande disagio che serpeggia nelle chiacchiere stupide dei ragazzi, tutti hanno un generale che li protegge, uno zio maresciallo che li sorregge, i napoletani hanno i compà, i sardi i fratelli della lega sarda, i milanesi hanno amici altolocati, i romani hanno gente, i bolognesi fingo di non sentirli, i calabresi hanno sorrete e mammete, i pugliesi non si capisce che cazzo abbiano se una confraternita o una congrega di zitelle, i toscanacci hanno una parlata da ghigliottina, antipaticissima e sbracata, i livornesi poi questa "s" che par tutta uno scivolo lascivo, i piemontesi hanno grandi occhi spalancati, insomma nel giro di due minuti dal timido silenzio iniziale scaturisce tutta la babele dell'Italia rustica e regionale, ognuno raccolto fra quelli della sua terra cosicché salta fuori un casino poliglotta, una sarabanda del dialetto e del falsetto, tutta una kermesse del vocio nazional-popolare da dare i brividi. Io guardo al di là della finestra sbarrata. Scorgo un signore che esce di casa col cagnolino al guinzaglio. Ho il primo spiazzamento da che son partito, dico vedi, tutto questo per un anno non sarà tuo, non ci saranno spese o compere da fare, non ci sarà libertà di andare e vagare, non ci sarà mai un gesto cosí automatico e per questo cosí immensamente libero e slegato e autonomo come quello di quel signore che si sta aggiustando il cappello, che sorveglia il barboncino, che esce a passeggio. Potrai fingere, oh questo sí, ma ora sei un soldato e tutto per te è archiviato.

Ma non sono l'unico a tacere. C'è Lele. Il primo sguardo che ho incontrato e che mi lascerà soltanto un anno esatto dopo a Roma, il sei di aprile in una trattoria di Trastevere. Emanuele. Come Renzu, Elio, Tony, Gianni, Michele, Maurizio, Giulio, Renato, Antonio, Raffaele, Stanislao, Paolo. Come Beaujean, Miguel, Pablito, Enzino, Baffina, Bella Perotto, tutti i volti della nostra combriccola in divisa che ora, in quest'altro e terzo aprile da che son partito io sogno e inseguo e ricalco e descrivo, gente che ho amato e a cui ho voluto granbene, gente che non m'ha lasciato, ragazzi bellissimi e altissimi, poiché questa che state leggendo è tutta una storia di gente alta e gente bella, di eroi da romanzo, impervi, granitici, sublimi. Questo è il racconto trafelato di come ci siamo incontrati e di tutte le intensità che ci hanno travolto per quei dodici mesi. Voglio molto bene ai miei amici. È per loro, gli altissimi, che ricordo questa storia che una volta c'era e ora non piú. In onore al glorioso e gayoso 4°/80 che riprendo a raccontare.

C'è dunque subito Lele seduto sull'asta di equilibrio con altri ragazzi che lui non guarda e che non sente. Ai piedi ha zoccoli di cuoio arancione e a tracolla una sacca dello stesso colore con frangette e motivi floreali punzonati. Indossa jeans nemmeno tanto scoloriti. Calzettoni gialli da roccia. Capelli lunghi ma non troppo. È alto un metro e novantasette, spalle larghe e levigate, occhi liquidi-liquidi e bagnatissimi e neri, sopracciglie da serpente affusolate e interminabili che estendono il taglio orientale e selvaggio degli occhi. Eppoi c'è questa bocca che non si può descrivere. Denti assolutamente non perfetti, ma labbra grandi, lucide, come vi avesse spaccato sopra una fragola al sanguinaccio, labbra morbide, labbra pericolosissime. Ma il dettaglio che attira la mia attenzione è semplicissimo, un particolare banalissimo e casuale, una minima nota che lo eleva come un dio al di sopra di tutta la babele dialettale, le bestemmie e le cazzate che gli altri gridano; un dettaglio su cui chiacchiereremo moltissimo mesi dopo e che sempre resterà un po' come il segnale indelebile nella memoria di quel nostro primo incontro senza gesti, né parole, né sguardi consapevoli. Seduto dunque sull'asta di equilibrio, perfettamente isolato dalla calca becera che ci circonda, con una serenità assolutamente orientale e un'imperturbabilità del tutto zen, Lele legge una copia gualcitissima del quotidiano *Alto Adige*. Trac! Ci sono dentro fino al collo. Qualsiasi altro foglio avesse letto, lo giuro, non mi avrebbe fatto la stessa impressione. Non avrebbe attirato il mio sguardo nemmeno con la Cambridge in mano. Che roba. In questo macello di disperati che stanno per andare alla forca, in questo casino di guaglioni e compagni e strilloni e pescivendoli e scoreggioni e bestemmiatori e casinisti e intriganti e ignoranti c'è questa perla assoluta di libertà, Lele, che sfoglia l'*Alto Adige*. Come in una qualsiasi stazione ferroviaria, come da un dentista o nell'atrio pigioso di una segreteria universitaria, come fosse mille miglia lontano nello spazio, completamente alienato dal mondo e da se stesso, immerso nella tranquillità paurosa dei suoi boschi e delle sue montagne, ecco Lele che legge l'*Alto Adige*. Con il suo viso da zingaro felice, il suo abbigliamento da freak distinto e consapevole, la sua calma, Lele mi incatenerà a sé per una storia che sarà lunga come i nostri trecentogiorni, con scazzi e pause e litigi e impennate e licenziosità, ma che resterà per sempre il segno di quella nostra naja.

Ma Lele non si accorgerà di me. Sono sempre lí dalla finestra a fumare come un turco. Non ho abbigliamenti estrosi, solo una gran faccia da matto — diranno gli altri nei giorni seguenti — per via dei miei capelli tagliati a spazzola e raddrizzati in alto come davvero già leletrizzati. Sono andato dal barbiere un paio di giorni prima di partire. Non avrei mai permesso che lo facessero loro. Indosso un giubbotto americano di tela bianco, jeans ormai bianchi stretti al di sopra della caviglia, maglioncino verdazzurro e clarks beige. La barba è sparita a febbraio e ritornerà sul mio viso solo l'inverno successivo sotto forma di pizzetto. Peso in questo periodo novantacinque chilogrammi e la mia altezza è stabilizzata sul metro e novantatre. Quindici giorni dopo accuserò al bilancino dell'infermeria ottantacinque chilogrammi. Al termine del Car-Avanzato ottanta-ottantuno e questo sarà poi il peso costante delle mie frattaglie per tutta la naja, estate, autunno, inverno e nuova primavera compresa.

Ogni tanto si affaccia allo stanzone un gruppo di soldati con fogli matricolari ed elenchi e cartoline precetto, chiama a sé alcune reclute, queste raccolgono i sacchi e li seguono. Sento chiamare il mio nome, da solo. Mi tolgo dalla finestra e mi dirigo verso il soldato. Questo domanda molto cortese se son io quello che cerca, gli dico di sí. La cosa è strana perché questo ragazzotto non ha né fogli, né tabulati in mano e soprattutto non grida e starnazza come tutti gli altri militi. Mi fa uscire prendendomi al braccio. Lo seguo sotto al porticato, dice di non preoccuparsi, che non starò malissimo, che vivacchierò come tutti, gioie e dolori e tanta noja, che forse ogni tre settimane potrò avere una licenza ecc. ecc. Gli chiedo dove mi sta portando. "C'è una sorpresa per te".

Allo spaccio che sta dalla parte opposta al salone-palestra e in cui non posso entrare perché ancora in borghese, stanno gruppetti di najoni rancidi, incartapecoriti e brutti. Mi chiedo se diventerò sporco e zozzo come loro, con quel colorito grigio scuro sulla pelle che ogni soldato mette dopo non piú di una settimana di caserma, il colorito delle notti insonni, delle docce che non funzionano, dell'acqua gelida dei lavatoi, il colorito della inappetenza, dello svaccamento, della ripulsa, dei malanni, delle nostalgie, della promiscuità, dei vincoli, della subordinazione. Il colorito di un prigioniero. Loro mi guardano strafottenti, sono soltanto una recluta, una "spina", e valgo meno di niente. Dicono battutacce, chiedono soldi e sigarette, cercano di fare qualche scherzo. Sto al gioco. Finalmente il soldato che mi ha condotto fin lí esce dallo spaccio in compagnia di un secondo granatiere. Allora capisco e sorrido e ci abbracciamo.

Abbiamo fatto un paio di anni insieme al liceo del borgo, anche se Giorgio era piú avanti di me di tre anni. È laureato in lingue, gli mancano tre mesi al congedo, qui è furiere della Quarta Compagnia, conosce tutto e tutti. Mi fa coraggio. Gli dico che non mi sarei mai aspettato di trovarlo in questo carcere, lui risponde altrettanto di me. Passeggiamo insieme verso la palestra in cui devo tornare a prelevare il sacco. Giorgio dà i primi utili consigli, dice che ha saputo il giorno in cui sarei stato immatricolato e aspettava il mio arrivo. Pare abbia già parlato di me a un certo capitano, un buon dattilografo è sempre utile negli uffici. Succede insomma che un paio di ore dopo essere entrato in caserma preparato a non guardare piú indietro, a non ricordarmi gli amici di casa né i passatempi né tutte le mie pippe, dopo che mi sono detto dentro per ore e ore sono una persona nuova e assolutamente indefinita, mi definiranno ora queste mura e queste facce, succede che mi riannodo alla solita mia esperienza. I lacci tornano a stringersi, i legami a congiungersi. In fondo ovunque tu vada non sei mai solo, né sconosciuto. Appunto, nulla di definitivo.

Il molto cortese e molto educato Giorgio, sempre un po' lento con quella sua andatura da intellettuale alto due metri, un po' impacciato nella sua Drop invernale, con il suo viso buono e fiducioso e compassato e imperturbabile, Giorgio dunque mi introduce alla vita di caserma. Lui la sera esce pochissimo, fa vita ritirata, non ama le compagnie né il chiasso. Ha la sua posizione di prestigio in una stanzetta che divide solo con altri due furieri, due antine dell'armadietto e una branda singola, in mensa il tavolo riservato dai compagni di scaglione, è benvoluto, non rompe il cazzo a nessuno, nessuno glielo rompe, nella sua fureria lavora fino a notte inoltrata, non ha casini con le reclute, è in buoni rapporti col comando. Lo ringrazio per avermi cercato, un viso amico lo si apprezza piú di ogni altra cosa in questo limbo indefinito in cui siamo capitati. Ma Giorgio deve correre alla Palazzina Comando, dice solo di stare tranquillo e non fare schiocchezze, che se mi adatterò non sarà poi una vita cosí difficile, lui farà il possibile per infilarmi in un ufficio. Torno alla palestra proprio mentre il gruppetto che ci dovrà incorporare pronuncia il mio nome. Mi metto in coda e vado in direzione dell'Ufficio Ordinamento. Lele non c'è piú.

Questo è dunque un ufficio spazioso che sta sotto al porticato di fronte ai distributori di caffè e di fianco alle latrine da giorno. Dentro è tutto il casino di una redazione di ciclostilati studenteschi, venti macchine per scrivere che ticchettano veloci, altrettanti ragazzi che fanno domande, le reclute che rispondono, firmano, passano fogli, prima di qua e dopo di là, tutto un alzarsi da una seggiolina e passare a un'altra, le stesse domande ripetute quattro-cinque volte prima da quello del lato ovest, poi da quello al sud, poi all'est e via, tutta un'intervista curiosissima e indiscreta, se prendi droghe, se bevi, se hai malattie veneree, se suoni uno strumento musicale, se sai le lingue estere, che professione fai, quanti fratelli, quante sorelle, quante zie cugine nonne e bisnonne. Che scuola hai fatto, sei vergine davanti o dietro, sai usare la macchina per scrivere, sai avvitare un rubinetto, potare un giardinetto, sai far questo e sai far quello, un uovo al tegamino o un tè al gelsomino e continuamente ti cacciano in mano opuscoli del buonsoldato, rivistine contro la droga in caserma, la storia del prode granatiere e del sesto battaglione in cui hai l'onore di servire la tua Patria, e ora vai di qua e siediti di là, credi in Dio o nella Madonna, nel Karma o nel tuo presente dharma, in Santa Romana Chiesa o in San Silvestro. Sei comunista o sei fascista. Insomma tutta una storiaccia nauseabonda di definizione del tuo te, una storiaccia da calcolatore sí-sí-no-sí, devi compilare questionari, riciclare carte d'identità, portare foglietti da un tavolo all'altro tutto secondo un percorso prestabilito al termine del quale mi trovo in un angolo in compagnia di un solo ragazzo. Ci stanno infatti dividendo in quattro gruppi a seconda delle compagnie, pare che qui in seconda siamo i meno numerosi. Arriva il furiere della terza compagnia e raccatta i suoi dicendo avanti spine spinacce alzate le chiappe, facendo urla e gridamenti mentre i soldati ridacchiano e le reclute-spine anche loro, tanto per stare al gioco. Arriva Giorgio a prendersi i suoi della quarta. Mi fa un breve cenno d'intesa, raccoglie i questionari e se ne fila via con il gregge. Finalmente arriva un tipo anche per noi due, aria anticipatissima da commesso di banca, parlata lombardoveneta sbracatissima. Urla e grida anche lui, forza forza e via e presto. Saliamo in seconda compagnia che sta proprio sopra l'Ufficio Selezione. Ancora sopra è invece alloggiata la prima compagnia con entrata però diametralmente opposta alla nostra. Di fronte, come riflesse in uno specchio, le restanti compagnie. La sezione che unisce le due ali maggiori è destinata al Plotone Comando e Servizi, il quadro permanente in cui dovrei finire anch'io con i soldati che lavorano negli uffici del comando, nelle autorimesse, nelle cucine, nei magazzini e nella "minuto-mantenimento". L'ala opposta a questa parte non c'è poiché costituisce l'ingresso alla piazza d'armi e dà sul boschetto, sul viale d'accesso, e sui viali di servizio. Cucine, mensa, infermeria, sartoria e docce stanno dietro il Plotone Comando in un altro fabbricato separato dalla caserma da un vialetto con alti pioppi che a sua volta scende verso Nord alle autorimesse e ai depositi di nafta e carburante.

Questa nostra seconda compagnia è un lungo, enorme, corridoio con vetrate altrettanto lunghe e vuote che danno sulla piazza d'armi. Lí sono tredici camerate dette "squadre" ognuna delle quali può ospitare da venti a trenta soldati. All'entrata di Compagnia, sulla sinistra sono gli uffici del Comando Compagnia; a destra l'armeria, i cessi e uno stanzone con tele e tavolo da ping-pong come in un orfanatrofio. È proprio qui che torno a rispondere a tutte le domande. Sono assegnato in quinta squadra assieme all'altro, un tipetto di Piacenza, operaio, diploma di perito meccanico, diciannovanni, la bocca sempre aperta e stupita. Siamo i primi. Scegliamo le brande verso il fondo della camerata, non troppo vicini alla finestra per via degli spifferi, né troppo all'entrata per via del corridoio. Metà degli armadietti sono completamente fuori uso, le antine divelte, le maniglie contorte, senza i cassetti. Ne piazziamo di fronte alle nostre brande due che ci sembrano in buono stato. Ci accompagnano in magazzino per le lenzuola, i panni e le coperte. I materassi sono a dir poco lerci, chiazzati e macchiati, anche qui ci si arrangia passandone in rassegna anche dalle altre squadre almeno una ventina per trovare quello meno sporco e puzzolente. Ormai è mezzogiorno. La compagnia è deserta, ci consegnano una ciotola, forchetta e cucchiaio di stagno, un bicchiere di latta. Non ho fame e non vado in mensa. Nel pomeriggio ci attendono la visita medica e la vestizione.

La storia di questo mio cuore diverso procura immediatamente la prima grana. Me lo aspettavo. Tutto come ai tre giorni nel settantatre-settantaquattro. Anche allora trovano una specie di soffio al cuore. A quei tempi io faccio parecchio sport e non ho mai sofferto di aritmie o strane pulsazioni o accelerazioni improvvise del battito cardiaco, nemmeno sotto sforzo prolungato. Allora faccio tutti gli esami del caso, elettrocardiogrammi e compagnia bella, se c'è un modo per evitare la naja va bene. I tre giorni a Piacenza diventano una settimana, code, strafile, ospedale militare, visite e controlli. Il tutto per sentirmi dire che non ho niente, il mio cuore è a posto e sono idoneo a servire l'Italia. A Orvieto la stessa storia. Dopo una brevissima auscultazione mi mettono da parte con i tisici, biliatici, storpi, scompensati, rachitici. Tornano a spiare il battito dopo qualche flessione e il tenente medico mi spedisce al Celio per l'indomani. Sono incazzatissimo e furente. Proprio non mi va di andarmene appena arrivato, cambiare subito aria, ambiente e in fondo fare il segregato all'OM, sottopormi ad altre visite per sentirmi dire, un'altra volta ancora, che il mio cuore è sanissimo, che anche lui poveretto ha un battito personale e particolare, una musichetta diversa dagli altri cuori, ma non per questo malata. Sono seccato. Nemmeno rivedere Roma mi va. Ma è cosí e si può far niente.

E mentre torno alla piazza d'armi con le altre reclute tutto incazzato e stonato, arriva un caporale stronzissimo che urla brutte spine dove vi eravate cacciate, un'ora che vi cerco! Ah imboscati della madonna, in fila, attenti, piú dritti figli di cane, allora, allora forza alla vestizione, inquadrati op, op. Ed ecco il secondo e tragico spiazzamento della mia carriera militare, una perdita di senso improvvisa, una caduta di ritmo e di presenza, intruppato davanti alla saracinesca semiabbassata dei magazzini mi sento svenire. Mi appoggio al compagno, questo è un biondino di Como, ha un dente spezzato e un viso da fanciullo americano. Gioca a basket. Chiede se sto male, io dico di sí ma che lo reggo. È un male tutto di cervello: che sto facendo? che sto aspettando? dove sono capitato? Lí davanti a quel magazzino scuro e buio come un inferno insieme a una cinquantina di ragazzi ho davvero, per un istante, il senso della tragedia, che non ci sono piú io, che non ci sono mai stato; io me ne sono andato e dove non lo so. Silenzio. La piazza d'armi tace nella luce senz'ombra del primo pomeriggio. Qualche soldato in mimetica attraversa i porticati spedito, con la testa bassa. Le cime dei pioppi frusciano al vento, un pacchetto vuoto di sigarette è trasportato al centro del piazzale. Subito un soldato corre dai porticati a spazzarlo via. Noi in piedi, inquadrati davanti al muro. Un'attesa estenuante, è già passata un'ora, un'ora di coda, di fila, di ansia. Ho bisogno di bere. Ho bisogno di droga, devo ritrovarmi al piú presto. Accendo una sigaretta, il caporale si avvicina di corsa e dice violento di buttarla. Non lo guardo. Sto cercandomi accidenti, devo reagire, devo farmi un pensiero di testa buono, una prospettiva rassicurante, una via di uscita da questo stato di vischiosa incoscienza, che ci faccio, un anno, dodici mesi, non ce la farò, oddio non ce la farò, un'estate, un inverno, quante settimane, che ci faccio, come sopravviverò, che vogliono questi, che devono obbligarmi a imparare, che cercano?

Si alza improvvisa la serranda con un cigolio cimiteriale, uno skreech rullato, rabbrividisco, escono di corsa una trentina di ragazzi con i calzoni penzoloni, le camicie fuori, si trascinano alcuni zaini militari stracolmi di indumenti, perdono le scarpe, gli impermeabili. Sempre ne escono, a due, a tre, a frotte con gli occhi stravolti, le bocche affaticate, non finiscono mai di uscire nella luce della piazza d'armi, alcuni si litigano una camicia, corrono, poi piú niente, silenzio, il buio del magazzino comincia ad allentarsi, ci spingono dentro. Il biondino mi urta e mi spinge, ma lo fa con educazione, si scusa ridendo. Scaffali altissimi che si perdono nel soffitto invisibile, odore pungente di naftalina e di umidità, un corridoio strettissimo e infinito fra queste pareti di indumenti appesi, alcuni soldati sono in fondo davanti a un bancone, barbe lunghe, grida, di qua, correte qua maledetti, forza forza, avanti. Bisogna gridare la propria taglia, passare alla misurazione, provarsi le scarpe in piedi, gli anfibi, quelle da libera uscita, quelle da ginnastica, gli scarponcini di servizio. Poi via dentro una tuta mimetica, fuori da una camicia, mi consegnano tutta roba troppo stretta, chiedo sempre la taglia maggiore, magliette verdi in cui non riesco ad infilare manco un braccio, fa freddo, mezzo nudo entro in un drop, poi in un paio di mutandoni di lana spinosissima, i calzini saranno da bambini accidenti, io calzo il quarantasei di scarpe e vaffanculo! Questi soldati addetti alla vestizione continuano a sbraitare gettando di continuo bracciate di indumenti nei nostri sacchi, maglioncini, camicie, calzetti, mutande, naftaline, gettano cappotti, cravatte, baschi e berretti, gettano insulti e bestemmie e cazzate, continuo a chiedere sempre la taglia massima, prendo molti affanculo, due reclute si bisticciano una giacca, è mia, non è mia, mammete e sorreta, tutto un bordello, un casino, maglie che volano, jeans che saltano, mutande calpestate, mimetiche strapazzate, maglioncini coi buchi, manciate di naftalina, giacche, ghiacchette, giubbetti, asciugamani, fazzoletti, calzettoni, buttano tutto, un casino della madonna, il biondino ha perso una sua scarpa, cerca di tornare indietro rimontando la fila, viene spinto, insultato, gettato da parte, deve scivolare fra le gambe degli altri, spingere, dar di gomito, riesce a guadagnare un cinque-sei metri, ma non trova piú la sua scarpa, comincia a gridare chi ha visto un'All Star rossa, 'codio, chi l'ha ciulata, i soldati lo minacciano, non stesse a rompere il cazzo, lui con la sua canottiera, in mutande, con un solo calzino infilato e strette alle mani due zaini ricolmi di indumenti, carte, cellophane, rimonta altri metri, arriva al bilancino, trova la sua scarpa in un angolo, vedo la sua mano in alto che la regge e la sventola, capisco tutto, lo stavo aspettando guardandogli il resto dei suoi indumenti. Riprendiamo la corrente, arriviamo al termine del bancone proprio di fronte all'ingresso, dobbiamo aver girato su noi stessi poiché ora siamo lí, ma almeno venti metri sul fondo, davanti a una parete coperta di specchi e inutili séparé. C'è dunque una signora molto decisa nell'aspetto, sui cinquanta e passa, grassotta, occhialuta e kapò che ficca le mani dappertutto, stropiccia i bicipidi, carino metti quello che ti vedo, togli quello, e corre come una ossessa fra un séparé e l'altro, dà il benestare, bisogna farsi vedere con la drop completa, con la mimetica, con l'estiva, con la tuta di servizio, mettersi in coda e sfilarle davanti, lei controlla. I soldati della vestizione corrono da lei e dicono "Comandi signora" e lei "Cocco mio a questo toro gli hai dato una terza, ma cosa pensi, cosa fai, via una quinta, presto presto!" "Comandi signora, bene signora". Io mi lamento, niente va bene, tutto troppo stretto, lei s'incazza con un soldato, dice di tirarmi fuori le camicie che lei ha messo da parte il giorno prima, quello dice che non ci sono, lei lo manda affanculo. Io resto lí in mutande come un salame rimbecillito, con la giacca in terra, lo zaino spalancato e stracolmo, i piedi nudi, arriva un maresciallo e urla che faccio lí impalato senza combinar niente e io dico aspetto la sarta e infatti lei mi raggiunge proprio in quel momento e dice lo sto mettendo a posto io e il maresciallo scivola via e se la prende con un altro, alza le tendine dei separé e se ne trova uno che ha l'aria di far niente urla e grida, tutti devono muoversi, darsi da fare, tutto un bordello, camicie, calzettini, braghe, mutande, il mio maglione, accidenti il mio maglione, un altro s'è infilato nel mio separé dove ho lasciato la roba, bestemmio, qui ti portano via tutto in un istante e sempre dentro a un vestito e fuori in un altro, non capisco piú niente, tengo d'occhio il mio portafoglio, penso solo a quello, dico che se mi fottono anche questo sono fregato davvero. Poi tornano alcuni soldati con altro vestiario, torno a provare e torno a indossare, il maglioncino senza maniche sarà per una bambola accidenti, come è possibile non ci sia una taglia maggiore? e lei la bestia calmati calmati questa è la quinta, non vedi? e io dico che sarà pure una quinta ma per rachitici mongoloidi, non siamo in un Car dei granatieri e com'è che se arriva uno di due metri non c'è di che vestirlo? La trojona pianta spilli e aghi dappertutto, dice di non muovermi, non ci riesco e lei punge, mi fa salire su una sedia, si mette a posto una tetta, va dietro al mio culo proprio con la faccia lí, fa dei segni con il gesso, poi sale un altro, lei corre di qua e di là, strapazza coglioni, tira giú braghe e mutande e sempre ride e sempre scherza, bel fagotto caromio, cosí la tua fidanzata ti vedrà bello e pulito, prendi questo, getta quello, no, no, perdio, vieni di qua, mettiti cosí, no salta giú, monta su, ce l'hai la ragazza? Eh? Che mestiere fai? Forza, forza, continua a domandare e chiedere come un robot impazzito, si dedica a tutti, cinquanta ragazzi in un colpo solo, ha la tetta trionfante di spilli, lo chignon ispido di forcine, un lapis mangiucchiato tra i denti, occhiali con la catenella, scrive, detta, stoccazza, le sue mani cicciottelle arrivano dappertutto e che fortuna la tua ragazza cocco, quanta roba, di qua, via di là, e te bello mio te l'han dato il soprabito? No aspetto. Aspetta aspetta che te vien moscio. Forza, forza, ricordate che una volta usciti di qua non si torna piú indietro, vi tenete quella roba che vi siete presi e non vi si cambia piú, adesso o mai piú cocchibelli, forza forza! Alla fine arrivo al bancone del maresciallo, devo rovesciare di nuovo l'intero corredo dai tre zaini, un paio di caporali lo controllano registrandolo sulle schede verdi, il maresciallo sovraintende e firma. Mi mancano due paia di calzini, le scarpe da libera uscita, una camicia e tutt'intera la drop perché non c'è la taglia adatta. Corrono a prendere quel che possono, la porcellona ritorna, mi mette in mano un foglietto, vieni in sartoria fra una settimana, accende una sigaretta e fila via.

Finalmente sono arrivate le diciotto, scatta la libera uscita, la mia prima libera uscita del mio primo giorno di naja. Mi consegnano un foglietto firmato dal capitano che mi autorizza ad uscire. Sono fortunato. Il fratello dice che a Pesaro le reclute non possono uscire per la prima settimana, e qui ad Orvieto molti non hanno avuto questo permessino temporaneo e staranno in camerata. Io, che fortuna, posso uscire, posso vedere Orvieto, posso ubriacarmi e respirare, posso ficcarmi in una libreria o in un cinema, soprattutto posso farmi fuori quel che mi rimane del nero.

Il piacentino lo invito con me. Abbiamo parlato

di musica e sembra che ci siamo. Appena fuori dalla caserma, faccio su la pipa e l'accendo. Gli chiedo se vuole tirare, dice che non è sua abitudine. Matto, rifiutare del nero cosí devi essere proprio matto. Quello non risponde, per me non ha capito un cazzo, sono depresso. Chiedo a un tizio la via per il Duomo, ce la indica. Prendiamo a salire. Il nero va giú benissimo, ma quel che è meglio vien su ottimamente. Mi sento le gambe molli, prendo a ridere con il piacentino. Dopo succede quel che succede, la storia di quel primo nero di naja si rivelerà fondamentale, quindici giorni dopo sarà decisiva. Non lo potevo sapere. Giravo con la mia pipa per la stradina di Orvieto che porta giú nella piazza del Comune, quando un ragazzo esce da una pizzeria, mi prende il braccio e mi trascina dentro. Lo guardo interrogativo. Pietro è strafatto di alcol, m'invita a bere con lui e mangiare, ha sentito l'odore della mia pipa mentre passeggiavo in giú e ora che tornavo non mi ha lasciato scappare. Anche Pietro è arrivato stamane, sta in terza compagnia, vent'anni, un viso molto sexy di boxeur, ottimo corpo, sodo, atletico, bei denti, parlata alternativa colta e tranquilla, voce rauca. È veronese, mi presenta ai suoi amici, il piacentino l'ho perso. Cosí tiriamo la seconda canna, altro vino e altro whisky, uno stravolgimento da orbi. Parliamo di alcuni concerti dell'estate precedente, di cinema, rivistine punk e dei Clash che fornirono la colonna sonora di tutto quell'anno in divisa. Finalmente sto un po' bene, lo sapevo, lo sapevo che avrei trovato degli alleati, dei compagni e degli amici, beato me che giravo con quella pipa per Orvieto. Insomma un trionfo, si dimentica la caserma, ancora non abbiamo un passato militare da raccontarci come invece accadrà l'inverno successivo, sempre con Pietro, incontrato per caso a Piazza Colonna, nostro quartier generale di Roma e trascinato poi a Trastevere a mandar giú filetti di baccalà e tanto vino; allora avremmo guardato a questo nostro primo e casualissimo incontro con molta piú ironia e saggezza, ma adesso siamo tutti baci e abbracci, io, il pugile, l'altro veneto che verrà domani al Celio, un toscano e poi non lo ricordo piú. Torniamo fradici in caserma, allegrissimi, senza renderci conto di niente, oltrepassiamo le guardie come se tornassimo dalla balera, abbracciati e schiamazzanti. Poi il contrappello, infilo la maglia e a letto. Non soffro piú di insonnia come a casa. Strano, ma immediatamente sono già di là.

Al Celio siamo entrati verso le undici di sera in un gruppetto di otto-dieci malandate reclute chiassose e un po' ubriache del vino dei Castelli che abbiamo tracannato lí a due passi, in una trattoria proprio dietro il Colosseo consigliata da Lello un avvocato molisano della mia compagnia che sorprendentemente ritroverò poi compagno di camerata e di ufficio da lí a due mesi fino al giorno del nostro congedo. Ma io me la intendo soprattutto con un giovane della collina bergamasca, si chiama Alessandro, parla malissimo in lingua ma anche col dialetto non sa cavarsela granché. Ha vent'anni, lo hanno spedito qui anche lui per via del cuore. Fa il camionista e ha una gran faccia da pazzo. Possiedo ancora un'istantanea che lo ritrae in mimetica mentre fa la fila per la mensa: occhi spiritati, viso aguzzo, pizzetto e barbetta biondiccia, volto da alpino ubriaco. Non prende droghe, gli piace fumare *ms* non truccate dalle mie pipe, prenderò da lui questo vizio e me lo cullerò quando starò veramente male e solo e in altra situazione con gente diversa e nuova, allora riempirò la mia pipa con una sigaretta liscia e fumerò lento e grave e pensoso e sarà anche meglio che tirarsi un cannone poiché si tratterà di uno sballo appena appena percettibile, di una infinitesimale vibrazione della coscienza, di un soffice languore del ricordo, Alex e me, seduti su una panchina del Celio in un tramonto romano di aprile che non arriva, segregati al padiglione Osservazione senza possibilità di uscita, a raccontarci le cose che si raccontano due reclute, che vita fai e come stai e che farai... Ma proprio non gliela faccio a starmene in questo carcere silenzioso dove non si odono rumori di traffico, dove non arrivano né voci né lamenti, dove i ricoverati girano come androidi appestati nelle loro sacche di fustagno marron, strascicando i piedi dai calzini biancolerci, facce bruffolose, gambe rotte, barbe incolte, tutto un abbruttimento e una sconcezza, non mi ridurrò mai cosí, no, non lo potrò, questo è il mio chiodo fisso da che son partito, due giorni. L'ho già detto e lo ripeto qui: se dovessi perdermi nella disperazione come un pezzente barbone mentecatto che si trascina da un pub all'altro come un alcolizzato all'ultimo stadio sarà solo perché qualcosa in me non ha girato nel verso giusto. Solo io sarò la ragione del mio male, non permetterò a nessuno né ad alcuna situazione di infilarsi lí, nel godimento della mia dannazione e della mia storia distrutta poiché anch'io sono stato un ragazzo e ho sognato e mi sembra ormai di avere perduto tutto: tutto, meno la possibilità di eliminarmi senza alcun boia.

Ma non ce la faccio. Qui alle diciassette è tutto spento e chiuso, una lercia e vecchia suora ha distribuito un'immonda cena che olezzava di Mom e Mitigan e antimicotici. Una suora piccola, baffuta, grassa che strilla come un soprano dalla sua finestra e getta le mele addosso a noi che facciamo la coda strepitando: "In fila! in fila! In ordine!" Quelle mele qualcuno le ha rispedite alla vecchia fetente e lei s'è asserragliata dietro i vetri. In compenso gli infermieri, altri ragazzi di leva lí imboscati come i suoi leccaculo, hanno sospeso la distribuzione di quel brodino melmoso. Non c'è né da lamentarsi né qualcuno a cui poter fare rimostranze. La baffuta ha decretato "A letto senza cena". Figuriamoci, alle cinque del pomeriggio. Devo uscire, devo scappare. Con Alex abbiamo sentito in giro la chiacchiera che da una qualche parte esiste un varco che i ricoverati di Roma usano per fuggire nel primo pomeriggio e passare la notte a casa. Ma non sappiamo bene a chi chiedere. Prendiamo a passeggiare per i vialetti asfaltati. Arrivo a un'uscita secondaria. Il soldato di guardia dice di circolare. Non mi fa avvicinare, io faccio il tonto, dico mi son perso, mangio l'erre, la esse e la zeta cosí che lui pensi che sono imbecille e sfatto e innocuo. Ci casca. Gli faccio tutta una storia che devo assolutamente uscire dal Celio, che sono ormai a rota, che spacco tutto perché sto male e senza ero, che mi hanno sbattuto lí nella mattinata e si sono scordati di me. Lui mi fissa, sta molto sulle sue. Cerco di andargli piú vicino, mi metto a inciampare nei miei piedi, cazzo, non deve pensare assolutamente che sia pericoloso. Lui stringe il fucile con le mani sudate che lasciano tracce umide e bagnaticce sul ferro. Infine cede: "Segui quella strada, dietro ai distributori, passa di lí. Arrivi al Circolo e da lí puoi scavalcare salendo sulla tettoia. Ci sono degli alberi, va be'... arrangiati".

Me ne vado via. Alex tornerà in Osservazione a coprirmi, se mi cercano deve dire che sono andato al padiglione chirurgia, il piú lontano, a salutare un amico e che se mi sono perso lui può farci niente, il Celio è immenso, che so dove s'è ficcato? Trovo i distributori e le rimesse, tutto deserto, tutto assente. Proseguo sempre tranquillissimo come passeggiassi, fumo una sigaretta, mi guardo intorno il meno possibile, canticchio quel pezzo di Tim Buckley che ritroverò poi in bocca a Miguel, sette mesi dopo, e sarà come essere di nuovo a casa: Once I was a soldier and I fought on foreign sands for you... Finalmente arrivo al circolo. Il silenzio dei vialetti si va sempre piú frammentando, c'è un ronzio nell'aria che serpeggia quasi impercettibile, una vibrazione sonora come di un altoparlante acceso, di una mosca che vola, una frequenza che si fa sempre piú intensa e definita e netta, man mano che avanzo, sempre piú complessa e variegata, non uno ma due, tre, quattro ronzii, cinque sei, un rumore, un disaccordo crescente sempre piú forte, piú complesso, nitido, sempre piú nitido, il muro, la breccia, il rumore sempre piú acceso. Salgo in alto, mi avvinghio a un ramo, mi butto di là e cado in pieno nel traffico incasinato del tramonto romano che mi prende e mi eccita e m'abbraccia nei suoi autobus, nei taxi, nelle strombazzate, nei fischi delle guardie, nelle sirene dei caramba, nei cani che abbaiano e i bambini che strillano, la vita. Meraviglioso canto di Roma, ci sono dentro, ci sono affogato, mi allargo anch'io fra la gente e le macchine con il cuore gonfio. Una improvvisa sensazione di avercela fatta.

Lí dal Colosseo compro i giornali del mattino prima, mi faccio confezionare quattro panini, prendo due birre e qualche mignon di fernet. In farmacia compro le gocce per il mal di testa di Alex e i fazzolettini di carta. Al bar bevo whisky e telefono al fratello, tutto ok, tutto bene. Lui manda a dire che domani arriverà un suo compagno di corso AUC che sta lí a Villa Fonseca e che cercherà di farmi avere una convalescenza. Sto meglio, molto meglio. Pronto a tornare.

L'ebbrezza dell'uscita dal Celio è durata un'oretta, poco piú. Sono tornato appena in tempo per farmi fregare branda e coperte. Merda. Dormirò alla Dermo come la notte scorsa, l'ho detto, siamo arrivati tardissimo e ci hanno sparpagliati di qua e di là. Alex ed io ci siamo infilati al pianterreno della Dermo perché abbiamo visto uno entrare dicendo che c'erano alcuni letti disponibili. Oddio, a me non andava tanto di riposare fra quei letti, sifilomi, scoli, prostatiti, verruche, escrescenze, tumefazioni, infezioni, tenie, tigne, bruffolacci, bubboni, pus, tricomonas e via dicendo. Però non gliel'ho fatta dalla stanchezza. Mi sono coricato vestito con l'asciugamano sotto il capo. Nello stanzone saremo stati non piú di sette-otto, tutt'una ala è ancora libera. Bene dormirò ancora alla Dermo, l'importante è avere un po' di alcol da stravolgersi.

Alex dorme in Osservazione nel posto letto che ci hanno assegnato durante la mattinata. Davvero mi sono fidato a farmi coprire da lui. È un ingenuo allo stato brado, molto piú di me, ma questo in fondo non dispiace. Parla spessissimo di Dio, ha una grande vita interiore, io penso. Però non è cattolico praticante. Dice cose molto poetiche e "naturali" sull'universo, parla poco di figa. Pare anzi non abbia mai scopato. Chi invece ha scopato tanto, ma tanto da frustrarsi l'uccello è un antipaticissimo zuccone toscano grezzo come una caverna, alto e grosso e imbecille con un viso da bagnino. Anche lui viene dall'Infermeria di Orvieto, per tutto il viaggio altro non ha fatto che far tresche con un parmigianino dal coglione gonfio e discutere di fighe, pare ne abbiano strapazzate insieme piú di quelle disponibili sulla faccia della terra. Insomma proprio tutte: madri e figlie, danesi, inglesi, sassoni, slave, ceche, spezzine, calabresi, greche, amatriciane, carbonare tutte le hanno fatte, tutte, le gemelle siamesi, le mongoline di Mongolia, le passere comuniste, fighe cinesi, fighe dissidenti, tutte, tutte, di sotto e di sopra, di lato e di fianco, tutto uno strofinio di glandi e vagine, scopate da mille dollari, eiaculazioni da milioni di lire, pompini e ditalini, inculate e strapazzate, negli ascensori, nelle cabine, nelle ritirate, in treno, in autostop, un collegio di suore deflorato, educande sverginate, mestrui irrispettati, chiavaggi a quattro cilindri, in prima, in seconda e retromarcia, mai che abbiano subito un fiasco, sempre a canna dura, bambine, lattonzole, segretarie, commesse, dottoresse, supplenti, fighe ardenti, cancerogene, giornaliste, negli ospedali, nelle corsie, nelle scuole, nelle autoscuole, sempre lí a chiavare e scopare come conigli con la sarta e la badessa, ballerine e ciclopesse, femministe e lesbicone, scompensate, rifugiate, sempre un su e giú, tutto un tramestio di chiappe, una sbrodata dietro all'altra, un orgasmo in fila all'altro, sempre eiaculazioni, sempre sballi, fottii e tramestii, insomma questi due li guardi in faccia e vedi una figa al posto del cervello che s'illumina e s'accende in mille watt. Il panzone toscano ha sempre la faccia aperta in un ooohhh da alienato. Si gratta continuamente i coglioni, se lo mena e se lo tocca. Il parmigianino col varicocele pare abbia una palla grande come un pallone da football, anche lui se lo mena e se lo tocca, lo aggiusta, lo palpa. Stanno sui letti lerci dell'Osservazione a sbrodare per Vampirella e Sospirella, si chiamano l'un l'altro quando c'è una scena al top. Vieni, vieni, starnazzano, guarda come mi è diventato duro, eh tocca, eh tocca, senti senti, be' anche me, cazzo se ci fosse una figa, una figa diosanto, non so che farei, tu come la prenderesti? Cosí, no mettiti cosí, ecco io la scopo cosí, le metto una mano qui e poi qui... Alex li guarda ridendo. Io dico che vado a cercare un letto alla Dermo anche per stanotte e ci si rivedrà domani. I due figaioli ormai sono a un punto dallo scoparsi, li saluto, Alex grida che non stessero a fare troppo i finocchi. Loro sbavano in una grassa risata, ah ah, proprio noi. E continuano a strizzarsi l'uccello.

Ho con me un romanzo, mi siedo su una panchina ma ben presto devo smettere perché fa buio e il lampione manco ci tenta un istante ad accendersi.

Insomma non mi hanno dato la convalescenza. Il medico amico del fratello mi è venuto a cercare, ha parlato con un capitano, ha letto il mio elettrocardiogramma e s'è congedato dicendo: "Vedrò quel che posso fare, ma non contarci proprio. È tutto a posto".

Sottotenente Mariani è stato molto gentile, un biondino rossiccio molto carino, con la faccia pulita, un paio di baffetti appena segnati, una bella parlata senza inflessioni dialettali. Ha chiesto notizie del fratello e gliele ho passate. È tornato due ore dopo allargando le braccia, niente da fare, e cosí il giorno appresso, di mattina, mi hanno congedato dal Celio con la classifica "Idoneo-Rientra al Corpo".

Alex invece è stato catalogato di Quinta e tutti gli dicono che sarà rispedito a fare il camionista non appena ritornerà ad Orvieto. È molto preoccupato, dice se non mi prendono vuol dire che sono grave e allora vuol dire che sto davvero molto male, perché qui arruolano tutti, ma io mi sento bene, lo giuro, che avrò? Gli dico di stare calmo, che appena a casa farà degli esami seri e magari qui si sono sbagliati, un fortunato errore. Ma Alex è tesissimo, si batte il cuore continuamente, gli parla, chiede che ha, se sta bene e se sta male. Con il suo cuore parla lo stretto dialetto bergamasco e io non capisco un cazzo, se lo interroga, vuole che lo ascolti anch'io, gli dico che sta bene, tutto regolare, devi essere contento che non fai questi dodici mesi. Girovaghiamo per Roma, in direzione della metropolitana. Alex vorrebbe vedere San Pietro, non l'ha mai vista e quella piazza lo farebbe star meglio. Allora dico ok, andiamo in Vaticano, vedrai che bello e che immensa quella basilica, una cosa stupenda eppoi saliremo in alto e ci cucchiamo tutta Roma d'un colpo, dai, però facciamo in fretta, abbiamo poche ore prima dell'ultimo treno valido per la caserma di Orvieto.

Aspettiamo il bus, ho fatto i biglietti in tabaccheria e quando esco di nuovo sui fori imperiali Alex è tristissimo, ha cambiato idea, vuole mangiare e tornarsene a Orvieto al piú presto. Ripigliamo la metro, raggiungiamo Termini e saliamo sul convoglio quando ancora il sole è alto e la giornata di aprile frizzante e deliziosa.

Adocchiamo uno scompartimento occupato da tre ragazze piuttosto oche dall'aspetto, turiste senz'altro, probabilmente inglesi, ma grandi cosce e belle tettine cremcaramel che fanno strabuzzare gli occhi del mio amico Alex sempre intrippato per via del suo cuore malmesso. Dice niente Alex, si ferma di botto davanti al vetro e le fissa meravigliato e io vuoi che ci sediamo lí? Ma lui niente, mugugna, arrossisce, tossisce, chiude gli occhi, li riapre. Come uno scemunito pastore sardo che non ha mai visto una figa rosa e bella in tutta la sua carriera, Alex appoggia le grandi dita al vetro, mette le labbra sopra e vi fiata e sbava che pare debba venirsi addosso cosí su due piedi. Allora io entro, chiedo permesso, avanti, indietro, strattono Alex tutto rosso e congestionato ma non si vuole muovere. Fa tutte delle strane boccacce spingendo lo sguardo verso i suoi piedi. Sto per incazzarmi, ma poi capisco che sta a canna dura e gonfia che quasi gli strappa i jeans e quindi non si può muovere sennò che figura ci fa? Io gli chiedo, ma a Bergamo che combinate? E lui niente, resta nel corridoio. Finalmente si disarrapa e viene a sedersi di fronte a me. Le pollastre sono americane, studiano a Firenze per quattro mesi, sono appena diciottenni, oche l'ho già detto, belle mica tanto, solo una quella che sta parlando della sua macchina fotografica, una Nikon professional che vale di piú di tutti noi cinque messi insieme. Parlottano dunque le statunitensi, a dire il vero belano e starnazzano con gridolini, ma Alex sembra apprezzare. Sono abbastanza discinte, shorts, camicette, treccine sulle schiene scoperte. Dico: "Vuoi che parliamo con loro?" Alex arrossisce di nuovo, dice né sí né no, ma emette un latrato di cane affamato che piú chiaro di cosí proprio non potrebbe. Intanto entriamo e usciamo dalle gallerie. Ho voglia che Alex si smuova e salti alla gola delle oche, per me ora lo fa, ora no, no, oddio Alex si muove, stavolta lo fa, lo fa mi gioco un occhio che lo fa. Buio. Galleria. Mi aspetto di udire un verso, il suono secco di uno schiaffo. E invece niente. Alex sta sempre lí a fissare il capezzolo rosa della lentigginosa. Allora provo a intrattenere io, parlo con il mio inglese elementare e piattissimo e poverissimo, abbastanza però per capire alcuni fatti. Ethel è di Washington Dc, Pearl invece di Boston e l'ultima pensate un po', 'sta tacchina che non sa emettere una parola in francese è nata, vissuta e cresciuta a Lowell, Massachusetts. Io mi infiammo e chiedo se ha mai visitato la tomba di Jack Kerouac, se c'è ancora la casa natale della famiglia, se è monumento nazionale, se c'è la discarica in cui il piccolo Jack andava a giocare, la palestra, il fiumiciattolo, la tipografia. Chiedo, ma forse per via della pronuncia o molto piú probabilmente perché questa anatra proprio nemmeno sa di essere al mondo, cavo fuori niente di niente. Non conosce i romanzi di Kerouac, Scott Fitzgerald le dice niente, Norman Mailer meno che meno, Hemingway, be' questo sí, ha fatto un riassuntino a scuola del Vecchio e il mare. Basta! basta! Mi alzo. Non ne posso piú di stare con le tre sorelle indiane. Ma mentre sto per uscire Pearl mi offre del vino, anche ad Alex lo offre, cosí direttamente dalla bottiglia. Mi risiedo e facciamo una bevuta. Le donzelle tutte belle tre sorelle cretinelle offrono anche sandwich e sigarette, il solito vizio degli americani. Noi mangiamo, beviamo e ruttiamo. Alex sembra aver finalmente dimenticato il suo cuore, addirittura arriva a strofinare la gamba contro un braccio di Ethel che gli sta davanti. Giuro che alla prossima galleria il bergamasco fa il colpaccio, però non mi va piú di scommettere. Insomma finiamo che ben presto siamo ad Orvieto, ho cercato di farle scendere a visitare il

Duomo ma non è stato possibile sono attese a Firenze da tutto il branco delle oche in trasferta. Alex ed io salutiamo. Raggiungiamo la caserma Isonzo in tempo per vedere gli altri sciogliere le righe per la libera uscita. Come sono cambiati, tutti rapati, tutti uguali, tutti vestiti da soldati. Li ho lasciato solo qualche giorno fa con barbe e capelli e orecchini e anelle e maglie sbrindellate e zoccoli e ora li ritrovo in fila a marciare, salutare, gridare "A me le guardie!". Maledizione. Tutto da capo. Sale la malinconia, come rintracciare fra queste mille reclute Lele? Come riconoscersi? Ormai il gioco è fatto. Alex s'è infilato nell'ala della sua compagnia. Non lo vedrò piú. Il giorno dopo farò l'iniezione e starò malemale per cinque giorni. Tornerà la sinusite, torneranno raffreddori, diarrea e vomito. A Orvieto prende addirittura a nevicare per qualche ora. Quando mi rimetto vado alla fureria di Alex, sembra che nemmeno sappiano chi è. Infine tramite l'aiuto di Giorgio vengo a sapere che Alex è stato mandato a casa in congedo. La Patria non l'ha piú voluto. Non ci siamo salutati né abbracciati, non sapremo piú niente l'uno dell'altro. Sono molto triste, molto malinconico. Fa freddo e dentro fiumi ghiacciati mi abbattono. Esco dalla compagnia di Alex, m'imbatto in un soldato, praticamente gli rovino addosso. Chiedo scusa. Massí, certo, è Pietro il veronese. Chiede dove mi sono ficcato, io dico invitami a cena e lo racconterò. Oh certo fa lui, passo a chiamare un altro, aspettami di sotto. Accendo la pipa. Pietro arriva con uno altissimo e bellissimo. Mi presenta. Be', signori miei, è proprio Lele. Tutto allora, per un attimo, riprende a funzionare.

Intanto piove e fa freddo. La rupe di Orvieto è perennemente affossata nelle nebbie ghiacciate e fra pochi giorni sarà maggio. Un aprile cosí bizzoso, fradicio e pungente anche da queste parti non lo ricordano da anni. La mattina alle sette, quando i perfidi caporali passano a scuotere le brande urlando sadici Sveglia, Sveglia poltroni cialtroni, forza in piedi spinacce malefiche, la piazza d'armi, dabbasso, è una landa di cemento fumosa e nebbiosa di cui non scorgi i confini. Il sole sembra non esistere se non in slavatissimi riverberi chiari che trapassano le nubi basse verso mezziogiorno. Ma intanto piove. Piove. A dirotto, a scrosci, a catinelle, a fiùmi, a laghi, a cascate. Un diluvio ghiacciato che sembra non avere termine.

I giorni passano. L'addestramento procede sotto ai porticati dirimpetto alle compagnie, avanti e indietro. Manca ormai una sola settimana alla cerimonia del giuramento che avverrà in forma solenne nella piazza del Duomo con parata storica, assegnazione di medaglie al valor militare, discorsi di altissimi generali. Anche per questo i comandanti delle compagnie sono isterici, vorrebbero piú sole per poterci far scoppiare meglio, far correre i bersaglieri placidi e leggeri, saettare i lanceri, marciare rombanti i granatieri. Ma si devono accontentare.

Il raffreddore non passa, non passa accidenti anzi continua a complicarsi con bronchiti e sinusiti e faringiti. Il fratello telefona da Pesaro al collega dell'infermeria, ma lo sbattono piú volte al centralino e la sua chiamata rimane lí per ore ingarbugliata fra cavi e spinotti. Dopo quella notte atroce post-punturamento con tremiti di febbre e spasimi di petto — il respiro proprio non saliva e benché tutti i compagni gettassero i loro panni su di me io continuavo a tremare e soffocare finché non arrivarono a visitarmi e ricoverarmi in infermeria — dopo quella notte in cui la puntura maledetta mi ha trapassato da parte a parte come la corda di un arco teso, sono tornato in camerata. I miei malanni non comportano né esoneri, né riposo in branda. Cerco disperatamente un luogo caldo in cui seccare tutte queste acque che perdo dal naso, dalla bocca e dal culo, basterebbe un luogo caldo, bollente e asciutto perché mi stagionassi come un baccalà in men che non si dica e dopo, guarito, potrei affrontare un po' meglio questa insana depressione che mi ha travolto. Nei bar di Orvieto continuo a bere tazze di tè arricchite con sciroppi e misture fluidificanti, ma ciò di cui ho voglia è solo sprofondarmi nel silenzio di un letto caldo.

Scrivo in quei giorni quasi un centinaio di cartoline illustrate, scrivo a tutti, a gente che non vedo da anni, ad amici del borgo, a conoscenti, a illustri sconosciuti. È molto importante riannodare queste tresche di affetti. Mi serve a non sentirmi un pesce completamente affogato nella sua acqua febbricitante. Dopo quella sera di ritorno dal Celio in cui alla Mezza Luna abbiamo cenato con Pietro da Verona e Lele e altri ancora, non ho piú visto nessuno. I malanni mi hanno isolato. Nessuno mi viene a cercare ed io sono troppo giú di corda per intrattenere qualsivoglia relazione. Sto solo. Ho bisogno e voglia di star solo a scrivere, canticchiare i miei motivi di testa e disperarmi. Mi dico che questa odiosa primavera primaoppoi scatterà, il cielo si aprirà, gli alberi ricresceranno e anch'io, lo so, starò di nuovo meglio.

Ma intanto continua a piovere e far freddo. Se

devo restare qui un anno intero non saprò come fare a gennaio. I caporali dicono che in quei giorni di freddo intenso si è costretti a dormire con un doppio pigiama di lana militare, maglioni, tre-quattro paia di calzettoni, sciarpe, berretti di lana e guanti. Le coperte benché raddoppiate non bastano. Molti sistemano le brande accanto, dopo il contrappello, per scaldarsi con la reciproca vicinanza. I fiati sembrano nebbie. Rientrando di notte da una licenza si ha l'impressione di trovarsi in un campo di geyser con tutti questi cumuli di coperte che fumano. Ma anche adesso la temperatura non scherza. Lavarsi è atroce, radersi addirittura proibitivo, quando sei sulla turca con le brache calate i muscoli si irrigidiscono e non c'è verso di farla, tutto un brivido che ti rattrappisce. Io, che sono sempre stato delicatissimo di intestino, mi sciolgo invece in scariche di dissenteria cosí violente da farmi lacrimare gli occhi. Sembra che tutto di me si perda nella cloaca, che fugga, che vada via per i tubi puzzolenti, e io vorrei che non tornasse piú.

Mi hanno assegnato in fureria. Giorgio s'è dimostrato gentile, premuroso e soprattutto di parola. Ha tramato mentre me ne stavo al Celio, ha continuato a mettere pulci nelle orecchie mentre ero malato e ora finalmente un caporale mi viene a chiamare mentre sto marciando come un automa impazzito e dice di mettermi a posto, rivoltare il bavero del maglione, e salire in Comando Compagnia. Dice dovrai fare questo e fare quello, battere i tacchi e alzare la testa, fai come faccio io, stac! Saliamo in Compagnia. Mi tolgo i guanti e il basco nero, sistemo maglione e bottoni. Qui fa abbastanza caldo, un lieve tepore nel corridoio lustratissimo del comando. Alcuni soldati stanno facendo le pulizie del mattino, innaffiano piante e fiori. Il caporale ed io attendiamo. Finalmente il capitano esce affiancato dai due tenenti e da un furiere. Il caporale si avvicina e si presenta. Mi guardano. Sono tutto intrippato in quel che dovrei fare, presentarmi recluta tal dei tali a rapporto, battere i tacchi. Ma non viene niente. Sorrido, tendo la mano e dico molto piacere. Il caporale fa una smorfia disperata. Il capitano sembra quasi imbarazzato, poi sorride e mi invita nel suo studio. Dice che ha preso in esame il mio dossier e che gli serve un bravo dattilografo per certe pratiche da sbrigare. Inoltre vuole un soldato che si occupi delle domande di Avvicinamento, di L.I.S.A. e delle richieste di assegnazione speciale nei Caramba e nei Parà. Mi consegna una cartella azzurra dicendo di leggermi ben bene le circolari ministeriali che regolano la materia, guardare il fac-simile della domanda e iniziare con celerità visto che il termine di presentazione di queste domande è di venti giorni dalla data di incorporazione e già ne son passati piú di metà. Si prodiga in qualche consiglio: "Non voglio avere il tavolo pieno di domande da firmare, chiaro? È lavoro inutile, a Roma bocciano tutto. Quindi sconsigli piú che può e se proprio rompono le palle faccia inoltrare la domanda e che vadano all'inferno. Intanto batta a macchina questi elenchi. È tutto."

Eccomi dunque tolto di peso dalle marce, dai piantoni di camerata e di armeria che spezzavano ogni due ore il riposo notturno in modo atroce, e ficcato in fureria, che è poi questo bordello di due stanzini con ogni sorta di raccomandati orvietani e scansafatiche. Il mio primo giorno in fureria lo ricordo molto bene perché ho beccato cazziatoni da ogni parte e soprattutto il soldato Salarda mi strillava addosso come proprio inferocito. Salarda è il soldato che odio di piú, deve fare tutto lui, toccare tutto lui, tiene sottochiave matite, gomme, carta inchiostrata, biro, penne, graffette e puntine da disegno. Ha tutti gli elenchi lui, i servizi li assegna lui, gli appelli li fa lui, le adunate le chiama lui. È un bresciano facciadacazzo con un culo basso e il naso aguzzo e una parlata sbracatissima e volgarissima. Sa solo gridare e intimidire, esiste solo lui, sa fare tutto lui. Mi siedo alla macchina da scrivere dopo aver detto chi sono e che compito devo svolgere. Nessuno mi guarda, nessuno dice niente. Comincio a trascrivere tutti questi dati che sono poi i rapporti trimestrali dell'armeria, colpi sparati da ogni F.A.L. o Garrand, bombe esplose, bombe recuperate, proiettili mancanti che però non mancano mai, nastri di mitragliatrice MG usati, ecc. ecc. Tutte cifre incolonnate, una cosa pallosissima e gli elenchi saranno almeno un centinaio, mi ci vorranno tre-quattro giorni. Improvvisamente la Salarda scatta dal suo tavolo e grida se ho finito. Dico di no, che se ha la minima idea di cosa sto facendo può benissimo capire che si tratta di un lavoro lungo. Be' questo qui invece s'incazza e strappa il foglio dalla macchina e dice scansati che devo fare i rapportini e insomma tutta una sgridata becera che io batto a macchina lentissimo e che se credo di dettar legge lí dentro appena arrivato mi sbaglio di grosso, spina spinaccia ti bagno la faccia. Io non perdo la calma, figuriamoci, manco riesco a parlare per la faringite e via discorrendo. Mi alzo lentamente, raduno i fogli e dico ora puoi divertirti te soldato, è tutta tua. Goditela. Vado alla finestra a guardar piovere. All'altro tavolo due soldati stanno compilando i ruolini che sarebbero le registrazioni di tutti gli spostamenti di ogni singolo milite della compagnia: licenze, ricoveri, trasferimenti, punizioni. Non alzano il naso dai libracci polverosi. Penso che siano un po' vili, che avrebbero loro potuto dire alla Salarda di calmarsi, che certo non lo potevo dire io che non conosco nessuno e sono appena arrivato. Però qui mi sbaglio sul conto del Gatto e della Volpe. I due si dimostreranno poi molto gentili e carini e divertenti e premurosi. Innanzitutto il Gatto, che è piccolo barbuto e minuto, mi si avvicina alla finestra, mi porta nell'altra stanza e dice di non far caso alla Salarda che tanto fa sempre cosí con tutti. La volpe, piú alto, piú vecchio, pallido e scantonato mi inviterà poi a bere un caffè, chiederà chi sono e che faccio.

Il Gatto Alessio studia all'Università di Roma, è ternano, di un paesino vicino ad Orvieto che si chiama Allerona in cui m'inviterà una domenica di maggio e lí nel sole abbagliante di quel picco di tufo faremo una colazioncina casereccia veramente deliziosa con porchetta ed erbe e pane tagliato a fette cosí grandi che paion dischi volanti e naturalmente ottimo vino venduto a centolire il bicchierino per la strada. Sarà quella domenica finalmente estiva la sagra dei Pugnaloni, una specie di festa del Maggio o del bruscello, ogni contadino ha preparato una piccola cosmogonia di terra e di cielo che pare un presepio e al centro del ripiano la frasca giovane e verde di un albero, ed ecco lí tutti i carri che si snodano per le stradine tortuose dalla rocca fino alla chiesa fra canti e processioni e benedizioni e gonfaloni, un paesino grande come cinquantalire tutto raccolto in sé per una festa antichissima che Alessio sta studiando per la tesi e che mi spiega in ogni dettaglio. Saremo con la Faffa e il di lei uomo, quella domenica, sono venuti a trovarmi dal borgo, ho prenotato loro l'albergo in Piazza del Capitano del Popolo, un palazzo medioevale bellissimo con grandi scale e una cappella interna proprio di fianco alla loro camera in cui vado per la doccia e le abluzioni che mancano tanto, quanto davvero ho sospirato per dieci minuti su di un bidé profumato.

La Volpe Franco è proprio di Orvieto, deve discutere solamente la tesi in giurisprudenza, non diventeremo proprio amici come con Alessio però lui userà sempre carinerie nei miei confronti, un giorno che mi han messo di guardia è venuto a prelevarmi nel piazzale all'ora dell'adunata e ha sistemato tutto scambiandomi con un PAO (Picchetto Armato Ordinario). Oltre a questi e alla Salarda in fureria sono un altro ragazzo di Orvieto un po' fascio e scansafatiche, ma con cui diverrò conoscente per certi break con pizzette al rosmarino che lui si fa portare dal suo cameriere ogni mattina al posto di guardia; un caporalmaggiore piccolo e strabico, anche lui ternano, timido e preciso che si chiama Paolo e che poi si raffermerà col grado di sergente. Infine c'è il Jolly che è questo ragazzotto Rotundo, piccoletto, con le nocche e le unghie morsicchiate all'inverosimile, i baffetti e la cresta di capelli. È caporalmaggiore addetto allo smistamento della posta. È l'unico suo incarico: ogni mattina deve andare al Posta e Viaggi, ritirare le lettere della compagnia, smistarle per squadre e consegnarle a vari caporali perché le affidino ai legittimi destinatari. Se qualche soldato è già partito controlla nei ruolini dove è stato trasferito, lo segna in rosso sulla busta e la riporta, la sera, al Posta e Viaggi con le altre missive in partenza. Tutto qui. Rotundo dorme in una cameretta isolata col magazziniere, altro imboscato orvietano che ha un fisico della madonna, alto e perfetto e un viso aguzzo da californiano. Questo gioca a tennis al Circolo Ufficiali col capitano, va a nuotare alla Smef ogni giorno e fa il suo jogging ogni mattina nei vialetti dietro la palazzina Comando, insomma fa vita da gran signore. Ma se lo può permettere, talmente bello e disteso che ti basta guardarlo cinque minuti per far andar bene la tua giornata. Rotundo invece è un po' ritardato mentale, per questo lo hanno assegnato a quel compito fantasma di distribuire la posta che si può svolgere in non piú di venti minuti al giorno. Ha una parlata terrificante, mai sentito uno parlare cosí. Rimpiango di non averlo registrato quel sound gutturale e ripiegato completamente in sé, Rotundo non dice le parole, le mangia, le gorgheggia, le deglutisce, le manda giú e poi su, ma storpiatissime, le rumina biascicandole, tossendole due e tre quattro volte per via anche della balbuzie; la ricicla, le strafà, le canta con lo stomaco. Una parlata incredibile, stretta stretta, ternana pecoraia, burina con inflessioni siciliane dove è stato in orfanotrofio e cadenze romane dove ha vissuto in collegio e musichette della provincia di Terni piú oscura, quella che poi conoscerò anch'io durante quei disgraziatissimi seggi elettorali di giugno. Ma Rotundo è un piacere sentirlo cantare, fa i motivetti della tivu, gli slogan pubblicitari, scrive poesie fuori dal tempo e dallo spazio della parola, agita le braccia morsicchiate e la sua cresta di capelli Peppino de Filippo. È brufoloso anche sui baffi e ha un'andatura insostenibile danzata e saltellata sulle chiappette. Ha piccolissimi occhi marron, bui e stretti però sempre molto interrogativi. Con Rotundo, vero braccato dalle leggi della sopravvivenza, poverissimo ragazzo che non ha mai conosciuto né padre né madre ma solo istituti, caserme e lager di stato, che è stato arruolato dai suoi tutori all'età di sedici anni e ancora adesso, dopo due anni in divisa, deve terminare la leva perché da ogni corso addestrativo volontario che ha fatto lo hanno sbattuto via dopo sei-sette mesi e sempre ha dovuto ricominciare da capo; che poi si raffermerà perché non sa dove sbattere la testa finita la leva, tanto gli sembra inconcepibile una vita senza camerate e capuffici e uniformi; personaggio cosí tipicamente deamicisiano da risultare addirittura una macchietta caratteriale, una psicologia burattina, un doppio letterario e affettivo, un sedimento scrostato dall'inconscio collettivo, quindi senza nemmeno la possibilità di essere considerato individuo ma solamente un déjà-vu; con Rotundo insomma ci siamo intesi, lui una sera ha belato che ero l'unico che lo rispettava e che con me stava bene. E via scorregge di gola e tramestii di petto e accordi adenoidali e manciate di balbuzie.

Insieme abbiamo fatto un paio di canzonette che lui poi interpretava nella fureria gremita di caporali e furieri e sergenti. Mi tampinava dicendo che esigeva delle poesie da me e che io ero obbligato a fargliele perché lui era mio superiore. Allora ho scritto tutta una filastrocca goliardica che faceva "In Seconda Compagnia c'è una bella fureria iah iah oooh" e ogni caporale aveva la sua strofetta feroce e venefica. Grande successo del recital post-contrappello di Rotundo, applausi, battimani, cori, grida e sganasciate. I najoni tutti riuniti per beffeggiarlo, ma lui li ha tenuti in pugno e da quella sera ogni caporale aveva un battesimo nuovo e sarcastico e insomma è successo che non hanno fatto piú gli scherzi violenti e stupidi che gli facevano, anzi il loro modo di deriderlo era piú confidenziale, quasi piú attento. Ma certo non si poteva far finta di niente quando Rotundo passava dalle camerate vestito per la libera uscita stretto in quei suoi completini beige o azzurrini con spallucce tiratissime e martingale buffissime e revers larghi come padelle e pantaloni scampanati che piú di cosí eran gonna-pantaloni, proprio non si poteva. E i suoi panciotti da piccolo terrone emigrato in Svizzera, i baffetti lustri, la cresta alta e lucente di Tricofilina, la sua andatura squaqquerata e saltellante. Filippo Rotundo tornerà improvvisamente nella mia vita militare otto-nove mesi dopo con un fatto casuale e straordinario che mi ecciterà a tal punto da farmi telefonare a tutti e fare la spiata. Piú avanti lo racconterò, quando sarà il momento. Voglio che caschi in questa storia cosí dall'alto, come è capitato a me. Vi metto solo sull'avviso. Un piccolo prurito.

Oltre a questi colleghi di fureria c'è un sergente maggiore balbuziente e antipatico, nevrotico all'inverosimile ma per questo innocuo. Ha i capelli crespi e forforosi, le mani sudaticce, una bocca piccola e sempre sbavata di saliva. In ufficio viene pochissimo, solo per far casino e pagare i viaggi e decade. Quando arriva tutto deve funzionare, essere alacre e nevrotico. I foglietti devono girare a vuoto, la macchina per scrivere ticchettare, le antine dell'archivio sbattere, le porte saltare, le finestre crollare. È contento solo cosí, se la fureria è un campo di battaglia. Io continuo, Salarda permettendo, a battere gli elenchi dell'armeria. Ogni tanto faccio un salto dall'armiere a chiedere spiegazioni e mi trattengo poi con lui a chiacchierare e guardare dalla finestra i compagni che nella piazza d'armi marciano inquadrati e intruppati.

La storia delle domande di Avvicinamento segnerà — come vedrete — tutti i miei dodici mesi di servizio militare. Ora, in fureria continuo a ricevere soldati con le storie piú assurde: sposati, maritati, terremotati, alluvionati, eversori, disastrati, figli di grandi invalidi, gente senza casa e senza tetto, nonni orbi e mutilati, madri senza tette, sorelle senza gambe e soprattutto orfani, figli unici di madre vedova, figli di genitori separati, divorziati, figli di concubine, figli di cani, figli di ragazze madri, figli di spretati, gente con dieci fratelli a carico e nonni settantenni, figli di emigranti, di espatriati, di esiliati, di carcerati, figli di galeotti e sanculotti, figli di arteriosclerotici, colostomizzati, cardiopatici, infartuati, svenati, madri senza utero, padri senza retto, fratellini mongoloidi, morbo di Parkinson, tumori, angina, pace-maker, by-pass aortico, traumi cranici, fibrillazione ventricolare, pezzi di cervello in poliestere, vesciche in plexiglass, fegati in perspex, dio come è malata l'Italia, come è sventurata, tutti pensionati, invalidi al dieci, trenta e settantun per cento, ansiosi, biliatici, neurovegetativi scoppiati e fusi, equilibri psicofisici saltati, inconsci rivoltati, insonnie, psicosi, soffi al cuore, tutta una marea di genitori in carrozzella e madri in barella, storie di un'Italia policlinica e poliambulatoriale, certificati su certificati, e io raccolgo, schedo, istruisco, compilo, quanti anni hai, che mestiere fai, manca il certificato di nascita accidenti, manca lo stato di famiglia, ragazzi padri, sverginatori, mariuoli, mammete e sorrete depresse alla follia, insomma un bordello indescrivibile. E i soldati continuano a chiedermi se l'esito della loro richiesta sarà favorevole, continuano a tampinarmi alla mensa, allo spaccio, nei cessi, mi consegnano certificati alle due di notte, mi svegliano, mi tartassano come fossi il padreterno quando poi san benissimo che son lí da dieci giorni e queste domande le faccio per la prima volta nella mia vita e quindi ne so molto meno di loro che han girato distretti militari e uffici e ministeri. Ma c'è niente da fare. In fureria con l'avvicendarsi dei giorni e il prossimo scadere dei termini di legge è ormai tutto un piangerai della madonna, una filiale della Saub, tutti attorno al mio tavolo a srotolare elettrocardiogrammi, mostrare radiografie, far brillare scintigrafie, ecografie, TAC e compagnia briscola. Tutti a frignare e strillare con le loro mamme vedove e i padri traditori, i fratelli, le sorelle, gli zii e i cugini di campagna. E io sempre attento e scrupoloso che mi dico sta a me fare andar bene queste cose che potrei anche sbattermene il cazzo e mandarli al diavolo tanto questi andranno via fra poco, dopo il giuramento, e chi li vede piú? E le loro pratiche finiranno al Ministero fra scaffali e scartoffie e archivi e biblioteche e maceri e allora? Ché mi sbatto tanto? Invece sono sempre pronto a correre dietro alla gente, far firmare, raccomandare, istruire e compilare. Mi serve per passarmi il tempo e iniziare un po' a vedere con chi sto, quali facce ho intorno, quali storie e quali affetti.

Quindi continuo con la testa china a scrivere, correre di qua e di là per via dell'Olivetti e dei fogli protocollo, chiedere il parere al Capitano, timbrare e bollare. Ministero della Difesa - Milesercito - Ottava Divisione - ROMA, tutte le domande le spedisco lí con bella intestazione, ottima impaginazione, spillo, graffo, firmo e timbro.

L'atmosfera nella bella fureria iah-iah-ooh si sta finalmente scaldando. La Salarda continua a strillare con tutto e tutti come un'isterica. Succede che entra un soldato e chiede di me, entra senza bussare e dice: "Devo fare la domanda di avvicinamento, posso?" e mentre io mi alzo per riceverlo la Salarda tutta nera e tutta calda grida che qui è un casino, che io m'allargo troppo con queste domande, che pare che l'ufficio sia diventato mio, che l'accozzaglia di spine malefiche entra senza bussare e riverire, insomma una porcilaia e maialaia senz'ordine né controllo. A questo punto scatto io e dico senti mia bella, te te ne stai al tuo cadreghino del cazzo a farti gli affari tuoi, ai miei ci penso io, chiaro? E dico al soldato, entra pure e non far caso all'isterica. Al che tutta la fureria ride e strabatte e Salarda se ne va infumatissimo giurando che gliela pagherò. Ma io non mi preoccupo tanto del furiere Salarda perché poveretto con tutto il baccano che fa è ormai isolatissimo e nessuno lo prende in considerazione per cui se vuole tramare ai danni miei deve farlo da solo e dunque risponderne in proprio. Povero imbecille di Salarda che nei giorni a venire tenterà addirittura di imbonirmi e leccarmi e quasi confidarsi con me — una domenica pomeriggio che stavo di servizio e lui non era uscito perché senza assolutamente alleati — di tutte le sue manie artistiche e le sue idee sull'arte. Perché lui ha scovato un posticino dietro ai magazzini dove va a dipingere, cose da naif del sottosuolo, albe e tramonti e tutto un afflato poetico e un soffio della natura e una vibrazione dell'albero gentile a cui chiavavi la pargoletta nana, tutte storie cosí. E avendo io ormai familiarizzato e bevuto e fumato con tutta la Compagnia, intimo del tenente coetaneo Bobby Cortesissimo, invitato per qualche cicchetto di whisky dal capitano nel suo studio, allora la serpe si fa sotto con tutte le sue storie, povera repressa, ma io non concederò tanto cosí, nulla piú di un "be'" e "cioè". Povera dunque la Salarda, che poi ha fatto la fine che ha fatto mesi e mesi dopo, trasferito dalla compagnia e allontanato dal capitano per la sua insolenza e boria, si credeva di comandare tutto e tutti, era dentro a un trip del potere unico, ne ho visti tanti comportarsi come lui con il cervello bevuto fino in fondo dall'ideologia militaresca, ragazzotti ignoranti e imbecilli che per via di un miserrimo gallone si permettevano cose atroci con i nuovi arrivati. Ma tant'è. Io continuo a fare queste pratiche di avvicinamento, a giostrare con tumori e paraplegici, a spiare i compagni che nella piazza d'armi van su e giú inquadrati nei plotoni. E nemmeno mi accorgo che il tempo finalmente s'è voltato al bello, che le dighe si son chiuse e che finalmente, se tieni le finestre aperte, anche nelle ammuffite camerate vibra l'aria nuova della primavera.

Mi riprendo cosí un po' del mio self sbrodato e annacquato, lo asciugo nelle lunghe passeggiate solitarie, lo distendo al sole caldo negli scorci delle piazze, lo curo, lo secco, lo allargo e lo espando davanti al muricciolo che s'apre improvvisamente sulla vallata, sulle colline, sulle cime degli alberi e sui meravigliosi ceppi dei vitigni. Qui, all'angolo panoramico, verrò molti pomeriggi e mi aprirò a questo stupendo teatro con la vecchia massicciata percorsa dai merci e le corsie dell'autostrada e il tragitto lucente della Direttissima Firenze-Roma percorso dai TEE scintillanti che guardo incrociarsi, scorrere, filare e snodarsi a fondovalle come in un plastico perfetto. Mi aprirò dunque e mi distenderò a questo panorama umbro, alla macchia che attacca le colline, ai boschi; mi allargherò in questi sguardi dall'alto che danno pace e senso e finalmente quel lungo e lieve respiro di cervello che conferma la tua presenza al mondo, che suggerisce qui, ora, finalmente ci sei.

Esco dal mio letargo malaticcio, dalle aspirine e dagli sciroppi. Riprendo a leggere, scrivo addirittura qualche lettera, ma quel che faccio è soprattutto passeggiare e camminare.

Il percorso che ora preferisco mi porta lontano dalle viuzze strette di Orvieto percorse da brigate di najoni, da dialetti contrastanti, da gruppi folkloristici e regionali, i sardi che ballano ubriachi a braccetto, i napoletani che cantano a squarciagola, i toscani che gridano sconcezze. Preferisco andare verso l'antica porta di Orvieto, di lato al Pozzo di San Patrizio, rasentare le mura medievali, risalire il fossato e scendere il viottolo che porta a valle. Il percorso è breve ma la prima volta, cosí immerso in un trip monacale tutto Hermann Hesse, meditativo e allargato intorno e in me stesso con sublime dilatazione dei miei confini interiori, la prima volta impiego una ventina di minuti. Sbaglio strada a una biforcazione, giungo a una casa di contadini vecchissimi e dimenticati da tutti. Ma arriverò a pochi secondi in piú dei cinque minuti, cronometro al polso, quando dovrò correre allo Scalo per il treno della mia prima licenza breve, soprattutto voglia di fare un bagno bollente nella vasca di casa mia, di radermi tranquillo ascoltando Mondoradio, di cucinarmi qualche pietanza. Ma a me piace inerpicarmi per la rupe, questo discenderla nell'assoluto silenzio dei sentieri di montagna, senza traffico e senza uomini. Ripenso molto allora alle gite sulle Dolomiti quando scendevo dai rifugi precedendo gli altri e solo camminavo sulla via del ritorno. Ho sempre amato le discese a valle, mi rappacificano, mi distendono. Non sono piú uno stambecco che ama inerpicarsi, salire sempre piú in alto, svettare. Preferisco il soffice down dei sentieri che riportano a casa.

In libera uscita esco dunque solo. Non lego con quelli della mia camerata, che sono tutti giovanissimi e terroni. Quelli della fureria, abitando nei paraggi, se ne filano a casa ogni sera e tornano il mattino seguente alle sette. Comincio cosí a curiosare un po' fra le osterie e le bottiglierie, vado al cinema, prendo un po' di sole sugli scalini del Duomo. Lele non lo incontro e pure se lo incontrassi certo non mi azzarderei a chiedergli compagnia visto che ci siamo blandamente conosciuti solo quella sera di ritorno dal Celio. Alex non c'è piú e Pietro da Verona è partito per una licenza speciale GMF. Ma non mi preoccupo. Sono del tutto preso da queste immagini del passato che scattano improvvise nei miei sensi. Sono quasi divertito da questi flash che tornano dal rimosso come se tutto il serbatoio del ricordo mi si rivoltasse, ma delicatamente. Mi scruto, mi guardo e cresco. Ho anch'io la mia storia, i miei sedimenti e i miei territori d'affetto. Non avrei mai pensato che il servizio militare, almeno in questa prima fase, si insinuasse nella mia esistenza scrostando piacevolmente immagini ed emozioni del tutto dimenticate e che riviste oggi, fine aprile dell'ottanta, appaiono cosí perdute da ricercarle con passione e accanimento, da studiarle, rivederle, riassorbirle. Tutto in me si muove come se questa del soldato e della sua partenza fosse una storia antichissima e remota incisa nel DNA, un codice collettivo che quando scatta decifra e informa tutto il tuo self. Non l'avrei creduto. Avevo terrore di tante situazioni e invece anche questi attimi mi appagano. Tutto dentro di me con la primavera si muove. Un po' anche il sesso che non tirava da giorni e giorni come se tutte le storie del bromuro allungato nei pasti fossero vere. Non saprei dire. Però ora so che c'è qualcosa che vibra anche dentro di me e che riannoda il senso mio con quello circostante. Non so dire precisamente di cosa si tratti, ma è qualcosa che non mi separa e soprattutto non mi divide. Ecco, questo è vero. C'è qualcosa di imprevedibile e misterioso che mi attacca a me e agli altri. Qualcosa che incolla. Che unisce. Oh, non mi do proprio pensieri per via di Lele e compagni. Non mi preoccupo. So che se son rose fioriranno.

Avanzano intanto i giorni del nostro addestramento fra marce, adunate, prove generali, lezioni teoriche, interrogatori, falsi allarmi, tiri di bombe e spari di fucile. Fra le montagne di Terni siamo andati un mattino freddissimo e nuvoloso poi risoltosi in un tramonto coloratissimo e tenue, caricati sui traballanti CM con fucili, elmetto e zainetto tattico. Lí dentro pareva di crepare asfissiati. Aveva cominciato a piovere e l'acqua gocciolava sulle panche del camion, ma non si potevano tappare tutti gli spifferi, avremmo dovuto fare i conti con la nafta del tubo di scappamento che entrava convogliata dal giro d'aria. Il puzzo è tremendo, molti sollevano il maglione fin sulle guance pur di filtrare quell'aria malsana, gli scossoni sono violenti soprattutto quando imbocchiamo il sentiero di montagna. I F.A.L. cadono dalle braccia, gli elmetti cozzano, molti si trovano distesi gli uni sugli altri, gridano e ruttano. Me ne sto tranquillo appoggiato al retro della cabina di guida. Ho di fronte a me un ragazzo che è la copia esatta di Li'l Abner, bocca enorme, ciuffone, occhi piccoli e stretti, corporatura massiccia. Non scambiamo però chiacchiere. Ci incontreremo di nuovo nel corridoio della compagnia un pomeriggio un po' euforico in cui scattavo istantanee e polaroid a Lele e combriccola e lui stava seduto all'ingresso della camerata sullo sgabello del piantone, riderà sotto i baffi e ghignerà finché poi non ci incontreremo davvero, una sera di libera uscita, nella stessa pizzeria in cui m'ha abbordato Pietro Veronese e allora non ci sarà piú nulla da tenersi dentro, diverremo amiconi e compagni e ci scriveremo lunghe lettere di disgrazie e pene anche ora che non ci vediamo piú e siamo molto separati dalle lontananze di terra e di cielo, però ci scriviamo e ci raccontiamo la vita che facciamo, anche oggi con Renzu ci si sente... Ma quel giorno al poligono proprio non avrei creduto che fra noi sarebbe passato tanto sentimento nei giorni a venire, questo non lo avrei creduto nemmeno partendo quella dannata mattina sul treno dell'arruolamento, ma le occasioni della vita, si sa, sono infinite.

Comunque comincio un po' a sciogliermi e far tresche. Lele lo incontro al bar della piazza del Duomo mezz'ora prima del rientro. È una notte tranquilla e luminosa. I najoni sono ormai tornati in caserma o si trattengono al bar del piazzale autocorriere, davanti alla Isonzo, a gettonare le canzonette preferite. Appare dunque deserta la piazza del Duomo, non rimbombano piú i colpi secchi dei carpentieri e degli operai che stanno installando il palco d'onore per la cerimonia del giuramento. Tutto tace, i fari gialli illuminano la facciata della basilica. Per tutta la giornata camion carichi di sabbia hanno fatto la spola per ricoprire il selciato in vista della partita di calcio fiorentino che due squadre giocheranno in costume medioevale quella stessa domenica. Sarà la festa di Orvieto, soldati, turisti, familiari, calciatori, colombe al plastico, operai e vigili urbani che transennano. Ora, di notte, non si odono piú quei rumori.

Giacciono accatastati i tubi innocenti. I falegnami non battono sulle asce come se stessero preparandoci la forca. È dunque un momento un po' sospeso e rarefatto, anche la landa piú deserta appare meno vuota di un qualsiasi luogo costruito per accogliere uomini e da questi disertato; e cosí appunto, come una costruzione disertata, appare Orvieto quella notte in cui entro al bar. Sono abbastanza ebbro, ordino altro vino. Dietro di me in fondo al piccolo corridoio qualcuno sta telefonando. Riconosco Lele benché sia di spalle. Innanzitutto ha gli zoccoli e la tracolla di cuoio. Tiene una gamba appoggiata all'altra come un trampoliere. Con la sua mole abbraccia tutto quanto l'apparecchio telefonico, lo sommerge, lo stringe, lo lega a sé. Ha il capo abbassato sulla cornetta. Molto poetica e molto cara immagine di Lele perso nelle sue nostalgie d'amore lontano, lei, la bella è sempre in Alto Adige, pare abbiano bordelli per il solito fattaccio di fedeltà e tradimenti. Lei non sembra resistere alla lontananza di Lele. Si consola con chi capita. Lui sta da bestia. Con me dirà soltanto che non è assolutamente geloso, che il loro è un amore responsabile, che lui è tranquillo. Io non ci credo e non ci crederò, nemmeno mesi dopo ci crederò quando la bella se la spasserà con tutti gli anglosassoni del suo tour estivo e Lele sarà sempre a corto di lira per via delle telefonate in England. Oh, non ci credo proprio, penso che per lui sia la sola ragione di sopravvivenza mantenersi calmo. Con tutto il bordello del militare dovrebbe anche sommare i problemi di cuore e sarebbe a posto. Ma lui non sarà mai cosí sincero, terrà tutto dentro anche quando la sua bella scoperà piú o meno sotto i suoi occhi con un nostro comune amico del giro militare. Anche allora di fronte all'evidenza dei fatti Lele dirà niente, si barricherà dietro al suo viso stupendo allargando soltanto le labbra in un sorriso ingenuo. Parlerà poi Lele per notti e giorni del suo angelo sterminatore, lo vagheggerà, lo sognerà, sarà sempre sulla punta del suo cuore e del suo cazzo e noi un po' prenderemo il largo da lui e da quella campana che a tutti i costi vuole erigersi. Lele cristallizzato nel suo amore lontano, Lele che non ci sta. Lele che pensa alla sua figa, sempre a quella, solo a quella. Lele che non sa accorgersi di ciò che gli sta crescendo intorno...

Ma in questa serata nel cantiere spento della fabbrica del Duomo stringiamo finalmente amicizia, lui torna dal corridoio verso il bancone dove sto bevendomi ormai tutto. Saluta e lo saluto anch'io offrendogli un po' di bianco che lui manda giú di colpo. Torniamo in caserma insieme, sto molto bene al suo fianco, non ho problemi di passo. C'è un accordo che subito nasce fra le nostre andature, un ritmo fra i nostri discorsi, la bellezza di scoprire un continente nuovo. E questa terra a cui approdo è naturalmente lui, il mio Lele.

Quanto ho poi amato il mio Lele, quanto l'ho desiderato. Volevo mangiarmelo il mio Lele, aderirgli addosso come una spugna bagnata, volevo succhiarmelo e bermelo d'un fiato il mio Lele. Lo volevo con me, volevo schiantarmi sotto le sue reni, volevo annegarmi nelle sue grandi braccia, volevo appiattirmi sulla sua pelle tesa e vibrante come una seta. Volevo cacciarmelo in fondo al cuore il mio Lele, volevo cullarmelo in testa come una canzoncina e fischiarmelo dentro come un accordo. Volevo sbronzarmi del suo odore, volevo aggrapparmi ai suoi lombi e alle sue gambe alte, volevo stringere le sue spalle, volevo succhiare il suo petto e ingoiarmelo, volevo urlare con Lele, volevo sentirmelo venire in grembo, volevo entrare nella sua schiena spianata, volevo baciarmelo, trastullarmelo, confonderlo nei miei movimenti di amore, nei fremiti, nei gemiti. Volevo poi trovarmelo accanto il mio Lele, volevo scrutarlo, lo volevo disteso e finalmente placato, lo volevo felice. Io amavo il mio Lele. Ero completamente bevuto dal mio amore.

Ci troviamo ora ogni serata di libera uscita per pranzare in qualche osteria noi due soli, da Sciarra, alla Gitana, alla Mezzaluna, all'Orso Bianco, all'Oste Secco. Spesso ci incontriamo anche in caserma nelle pause o nei pre-adunata, facciamo insieme la fila per la mensa, ci litighiamo la moneta per i caffè e gli scontrini dello spaccio. Ma è soprattutto in libera uscita che ci raccontiamo e ci conosciamo, davanti a quelle carbonare e amatriciane fumanti che intrecciamo le nostre intimità.

Lele ha dunque ventidue anni, liceo artistico alle spalle, senza professione né fede. Ha fatto il cameriere in Inghilterra, disegni pubblicitari in una agenzia di Bolzano, la sua città, ha fatto viaggi e pellegrinaggi nei paesi caldi. Non è un tipo molto loquace, usa la bocca molto per mangiare, mai visto sparire i panini in gola in questo modo, un due tre e via. Nei sabati pomeriggio e nelle domeniche in cui la libera uscita scatta presto compriamo qualcosa nelle rosticcerie e veniamo a mangiare qui al muricciolo panoramico, con le gambe sospese nel vuoto. Gli racconto di questo posto, come mi ha salvato qualche giorno prima, come mi ha guarito. Anche Lele è venuto spesso da queste parti, conosce tutti i buchi di Orvieto, piazza del Capitano del Popolo ad esempio che è bellissima, silenziosa, e che io nonostante i miei vagabondaggi non conoscevo ancora. Di qui poi si arriva a un altro punto panoramico, a Ovest, da cui si domina la strada verso Bolsena. Anche qui, accanto a una piccola chiesa pericolante, grandi allargamenti di respiro, pace e un po' di tranquillità. Alle volte ci stendiamo nell'erba del piccolo giardino e sonnecchiamo vicini, ognuno perso nei suoi tiramenti. So che Lele pensa a Bolzano, alla sua bella e a tutta la sua vita in borghese. Non è come me che mi sono messo il cuore in pace, pronto a tutte le occasioni. Lui è ancora molto preso dalle sue storie, mostra le fotografie giganti che ha fatto in Turchia e in Marocco ma sarebbe meglio non le mostrasse affatto, vederlo tutto discinto e nudo con i suoi lunghi e boccoluti capelli, il suo viso da zingaro, diomio, eppure Lele è qui a portata di mano e di cuore, cosí terribilmente vicino, cosí facilmente abbordabile. E certo che anch'io devo piacergli, dopo le nostre bevute giriamo allacciati come tutti i soldati, ci strofiniamo, ci tendiamo le mani e gli occhi nei saluti notturni. Ma Lele è sempre molto distante, è a Bolzano, e non c'è nulla al mondo che lo convinca di essere qui con me.

Intanto è passato anche il giuramento, la festa della caserma, le visite dei parenti. Presto, fra tre giorni, lo scaglione si frantumerà, chi assegnato a Roma, chi a Civitavecchia, chi a Maddaloni e Salerno. Lele sa che andrà al 7° Bgt. Meccanizzato "Cingio" al Tiburtino. È molto preoccupato. Si raccontano cose orribili sulla caserma e poi c'è il fatto che il suo incarico di assaltatore non promette niente di buono. Dovrà marcire sotto le tende nei campi invernali, fare assalti alla baionetta di giorno e di notte, dormire nel fango, montare una guardia sull'altra, scoppiare come un pezzente. Dovrà pagare le quote del congedo ai najoni, obbedire, soffrire. Dovrà passare poche e rare licenze, tornarsi ad ambientare, ricominciare tutto da capo e in un modo completamente nuovo. In fondo qui siamo tutti appena arrivati, al Cingio si dovrà scontrare con l'assurdità degli scaglioni congedanti, con la tiritera dei nonni, vicenonni, borghesi e capistecca reggitori della sacra insegna dello scaglione congedante. Non potrà nemmeno godersi tanto Roma visto che la caserma sta a un'ora dal centro storico e la libera uscita è come una manciati di secondi che finisce sempre quando cominci ad apprezzarla.

Ma intanto cerco di consolare il mio Lele in quelle cenette a due come proprio innamorati, gli dirò vedrai, vedrai che te la caverai, ma lui ha sempre questi occhi bastonati e le labbra un po' piegate. Nemmeno il vino riesce a distenderlo. E cosí, giorno dopo giorno, lo ritrovo sulla piazza d'armi inquadrato con tutti gli altri pronto a salire sul CM e partire per Roma. Lo vedo con la sua borsa a tracolla sopra la divisa, la schiena un po' curva, gli occhi bassi attenti ai suoi zaini e fagotti. In piedi, sotto il sole di questo maggio che finalmente riscalda e abbaglia, Lele risponde alla chiamata e sale sul camion. Ci siamo salutati senza tanti complimenti davanti alla sua Compagnia. Un breve saluto da soldati io che invece avrei voluto abbracciarlo per un'eternità. Lui ha detto, ora vattene, non c'è niente di sentimentale in uno che va via. Gli ho detto scriverò e mi farò sentire, in fondo le persone a cui tieni non le perdi mai. Lui ha sorriso e detto ciao. La sera prima da Sciarra, gli ho detto che gli volevo molto bene, che gli ero affezionato e che l'amavo. Lele s'è molto divertito, è parso allentato per la mia confessione d'amore. S'è un po' sciolto, ha raccontato che queste cose gli capitano addosso di continuo, mi ha chiesto se pare proprio un frocio. Gli ho detto di sí. Ha trangugiato il fernet. Prima o poi ci cascherò, ha aggiunto. Ci siamo presi le mani e abbracciati, sotto al tavolo, le gambe. Ero tutto qualcosa che usciva, mi sentivo andar via in quell'abbraccio, dagli occhi, dalla bocca e dal sesso. Era come fossi una corrente che straripa. Una diga che si apre. Tutto in me bolliva, le mie acque, il mio sangue, il mio umore. Il vino mi scaldava e il viso di Lele nella piccola trattoria era l'unica ragione perché continuassi a esserci. Ma c'è stato niente da fare. Ci siamo salutati. Ha detto, mi dispiace che per te vada cosí, non vorrei farti star male. Ho risposto che va tutto bene, è tutto a posto. Abbiamo molto riso e molto corso quella notte ubriaca dell'addio, ci siamo abbracciati e stretti dentro a un portone a far su l'ultima canna. Ho cercato di baciarlo ma lui ha serrato le labbra scuotendo il capo divertito. Siamo arrivati al cancello gridando come matti, ma tutti erano ubriachi e alticci quella sera dell'addio.

E ora, nella piazza d'armi che smista verso altre storie tutti i miei amici, io sento in pieno questa precarietà degli affetti e della vita che ti dà il servizio militare, questo essere in balia di trasferimenti e ordini e comandi. Non reggo proprio la gente che va via. Mi rintano allora dalla porcona della sartoria che dovrebbe aver finalmente preparato e stirato la mia drop. La sera stessa, su consiglio di Gatto Alessio, fermo il capitano al comando e gli chiedo di poter andare in licenza visto che il mio compito è terminato e le domande di avvicinamento ormai scadute. Dice vedrò, ora di certo no. Il giorno dopo, al mattino, torno alla carica. Alle undici mi consegnano il quarantottore, faccio il mio sacco, corro a piedi allo Scalo e alle undici e trentotto precise, puntualissimo, salgo sul treno della mia prima licenza breve.

Ho proprio voglia di riposare la testa fra i miei oggetti e le mie vecchie consuetudini. Devo ritrovarmi. Ne ho bisogno. Soprattutto devo rifare le scorte di afgano.

Tutto però è cosí rapido, il viaggio di andata è già quello che mi riporta in caserma e la stazione in cui scendo non è quella di Modena, ma il piccolo e basso caseggiato di Orvieto Scalo, arrivo verso le cinque e trenta del mattino, un altro viaggio dentro la notte traballante del convoglio di pendolari, immigrati, terroni, soldati puzzolenti, lattine di coca rovesciate appiccicose nei corridoi, latrine intoppate, scarichi mefitici, cartacce, briciole, avanzi, mozziconi di sigari, giornali strappati che volano dagli scompartimenti verso il passaggio delle carrozze risucchiati dall'aria fredda e ferrosa delle gallerie dell'Appennino. Vetri rotti, sonni pesanti, aria di fatica, orbite gonfie, fiati stagnanti, denti arrugginiti dalla notte in bianco, la lingua smerigliata, le mie sigarette, il freddo. Appoggiato a un seggiolino nel corridoio cerco di leggere, ma la testa si fa pesante, di piombo, di marmo, le gambe rattrappite, ripiegate. Cerco di stendermi ma non è possibile. Calo sugli occhi il berretto di lana per raccogliermi un po' il pensiero, arriverò ad Orvieto già stanchissimo e per nulla riposato, maledetta licenza, davvero maledetta licenza breve.

Nel piazzale antistante la stazione ancora addormentata e buia non sono previsti autobus fino alle sei e trenta. Ho bisogno assolutamente di distendermi anche per una sola mezz'ora. Prendo un taxi che mi porta fin su alla rupe. Al cancello dell'Isonzo mi fanno attendere, io bestemmio. Mi stanno rubando minuti preziosi di riposo, fra poco piú di un'ora scatterà la sveglia e dovrò essere già pronto e in forma. Sto male, mi sento vuoto, un down terribile e scoglionato. Finalmente il capoguardia viene ad aprire il cancello, corro in compagnia, tutto tace, entro in camerata e improvviso come un flash arriva al cervello l'odore dei soldati che dormono, un puzzo di naftalina, di polvere, di corpi non lavati, di bocche non sciacquate, un odore che poi conoscerò benissimo nei tanti altri rientri all'alba, il puzzo dei corpi di guardia, delle lenzuola, dei panni, l'odore dell'olio lubrificante di cui sono impregnati i fucili e che s'attacca ai vestiti peggio di una tigna, il fetore dei posti pubblici, dei giacigli, dei bivacchi, odore di fumo, di alcool vomitato, odore di una camerata di notte che ti segnerà inequivocabilmente per tutti quei dodici mesi e che ti separerà dal tuo branco abituale, dai vecchi amici, dalle compagnie di casa. Avvertiranno in te un odore diverso e strano e tu avvertirai in loro qualcosa che non t'appartiene piú, che riconquisterai certo coi mesi e gli anni a venire, ma che per ora ti è assolutamente estraneo. Per questo rincorrerai i tuoi simili, dilatando le narici riconoscerai quelli come te, gli stessi persi nell'identico trip. E sarà proprio questo a salvarti, a farti accettare il tuo nuovo branco, a farti capire che i vecchi equilibri sono del tutto saltati e che ora sei una persona diversa in cerca di alleati, alla disperata ricerca di ragazzi che abbiano il tuo stesso odore.

Ma intanto avanzo nella camerata notturna illuminata solo dal fioco bagliore della luce nel corridoio, avanzo fra cumuli di coperte, fra cigolii di brande, fra bestemmie e gemiti, avanzo e mi dico sol che mi getto in branda a dormire un po'. Cosí srotolo il cubo, distendo la coperta e mi ficco a letto, vestito con il berretto tirato giú. Un grande respiro d'addome, dico ora dormo, ora per un po' non ci sono piú, fra un attimo ricomincerà tutto, intanto però mi godo questo raccoglimento in me. E invece, piano piano, non appena i miei sensi si allentano si rivela tutto il brusio di una camerata perduta nella notte, impercettibile, inafferrabile, remoto eppure sempre piú distinto, russare, cigolare, imprecare, borbottare, sillabe smozzicate, uno si gira uno si scopre, uno comincia un discorso senza capo né coda. Devo restare in silenzio assoluto e tendere i nervi come un gatto, devo allungare le orecchie e fissare davanti a me un punto imprecisato, devo fare lunghi sospiri per raggiungere i bordi di questo mondo incosciente in cui le intimità si allargano e i gesti scattano meccanici e le parole sono soltanto rantolii e mugugni e i corpi troppo paurosamente simili a macchine gettate in manutenzione, a robot impazziti e arrugginiti, a codici disuguali, a doppi tragici delle nostre vite, e ognuno ora sta vivendo la propria storia, risorgendo i fantasmi, sognando situazioni al di fuori del tempo, ognuno sta rigettando i detriti della propria storia, li sta digerendo, assorbendo oppure vomitando, sputando, scoreggiando, eiaculando. Il cesso è del corpo come il letto del cervello. Questo mi dice il silenzio attutito di una camerata di notte: che siamo macchine in balia di se stesse a cui hanno staccato i circuiti e che vanno alla deriva fra brusii e vagiti e grida evacuando dagli sfinteri cerebrali le proprie frequenze emotive e nervose. Non dimenticherò questo orribile museo delle cere, questo scantinato di automi inesorabilmente riciclati giorno dopo giorno, questa accozzaglia di androidi spenti e fuorigioco, i miei compagni che si muovono con gli occhi chiusi e parlano con la bocca storta e s'agitano impacciati. Non dimenticherò quelle vibrazioni di paura per sentirmi fra un plotone di morti viventi, fra linguaggi cosí incomprensibili da apparire del tutto alieni, di altri mondi e di altre galassie. E invece siamo noi sprofondati negli abissi e negli universi che siamo noi, laggiú, in fondo, lontano nell'antro misterioso del profondo. Mi accendo una sigaretta, non ho piú sonno. Tremo come una foglia nel gorgo dell'uragano.

— (Ma è tutto già successo, e succederà di nuovo quella sera in cui non sentii i Weather Report giú al Palazzetto di Roma per il loro concerto che invece attendevo da mesi, serata davvero memorabile sotto il cielo molto Star Wars della capitale con i Boeing colorati che solcavano il blu intenso e le stelle planetarie che si muovevano — ne sono certo — e traballavano attorno ai loro sistemi, la sera in cui non feci quello che dovevo fare o quello che avevo programmato trovando un'insana soddisfazione a lasciarmi solo in un bettolaio stracolmo di turisti a buttar dentro il terzo litro di birra — e non sarebbe stato l'ultimo — quella tiepida sera in cui vagavo fra Trastevere e Campo de' Fiori confuso in mezzo ai turisti e ai soldati in libera uscita e alle coppiette mercenarie di Ponte Sisto che mi guardavano vogliose perché quelli erano tempi in cui potevo far girare la testa a chiunque, erano i tempi del successo e della voglia di stare al mondo, i tempi supremi del mio egoismo che mi permetteva di star a mio agio con tutti, con i coatti del Circo Massimo, i negri di Termini, i battoni dei Cinquecento, i punkettari di SS. Apostoli, gli intellettuali dei salotti, i cinematografari delle terrazze, be' quella sera nutrivo una brutta storia dentro come una bestia che mi rodeva e mi faceva pensare e metteva tutto sossopra con macabri pensieri di morte per cui decisi che non mi sarei fatto vedere dove mi si aspettava poiché tanto la mia immagine era già là e già sapevo come sarebbe andata a finire, insomma la noia forsanche la malinconia accidiosa di dire tutto è sempre uguale e simile a se stesso da che mondo e mondo e invece io ho paura come fossi il primo uomo, quella sera cosí pericolosamente incline a un suicidio bevuto e cinico che per fortuna o puro caso talmente era evidente che non sfiorò neppure il nervo piú scoperto, quella sera bighellona e vagabonda e ubriaca e meditabonda sull'acqua limacciosa del Tevere, ecco quella sera incontrai a Piazza Argentina, miracolosamente incontrai il vecchio compagno di università Gabriele, a Roma per il corso nella Guardia di Finanza, e lo trascinai sotto un albero del lungotevere e gli dissi quel che tutta sera stavo dicendo a me, ho vent'anni ed è ora che capisca come va il mondo, e lui avrebbe raccontato di tutti i suoi sfasamenti di caserma e aggiunto: è tutto un problema che noi siamo cariche affettive che vanno e girano e s'attaccano dove s'attaccano senza possibilità di spiegazione, insomma quel che sta succedendo o ci succederà non puoi né spiegarlo né prevederlo, tutto meno che la morte. E io allora al quarto litro di schifosissima e pisciatissima birra avrei come un pezzente vomitato giú dall'argine e avrei detto non mi piace come vanno le storie della gente, nemmeno la mia, è come se tutto fosse troppo piccolo e racchiuso quando invece sento il mio cervello partire e volare e alzarsi mio dio fin verso quell'oltre che non posso dire, non so, ma che ci sto a fare qui dove il Tempo m'insegue e mi bracca e non sono piú io sempre diverso da un attimo all'altro e mi dimentico, mi dimentico, le cose che cambiano, i muri, i cieli che s'illuminano, qual è la nostra vera storia? E Gabriele avrebbe poi accompagnato il di me fantoccio in albergo e buttato su letto, avrebbe solo detto passerà, quel che c'è di buono in tutto quello che provi è che domani nient'altro rimarrà che una cicatrice suturata di quel che provi, che si riaprirà e si richiuderà fino alla fine cosí come le ore si aprono e si chiudono una nell'altra poiché il Tempo ti ammazza, questo è certo, ma anche ti salva. Sarà allora in quella sera scazzata in cui il terrore della mia consapevolezza al mondo quasi quasi era giunto ad abbattermi come una bestia al macello, sarà in quella notte che deciderò di non aprire piú parentesi nella mia vita senza la certezza di poterle chiudere, di non spingere piú con le droghe il mio cervello in un tempo vuoto dal quale non si torna indietro se non con una sola ineliminabile certezza, che io non sei tu, non lo sei mai stato e non lo sarai mai, solo un sacco di sangue marcio che va al diavolo...) —

Poi tutto riprende, alzarsi, sistemare il postobranda, riempire l'antina dell'armadietto con la biancheria pulita, sistemare le camicie, i pullover, i jeans, il dopobarba. Indossare la mimetica, gli scarponcini neri, lavarsi, stiracchiare due chiacchiere con i conoscenti, far la fila davanti alla latrina per svuotarsi, correre all'alzabandiera dabbasso quando ormai tutti strepitano e strombazzano. Parte dunque il disco nella piazza d'armi e cosí, all'adunata del mattino, mi accorgo che siamo veramente pochi. Non c'è piú la quarta compagnia, non c'è la prima e manca la terza di Lele. Siamo solo il quadro permanente e noi della seconda per il periodo di addestramento prolungato detto Car-Avanzato. Cosí dopo il disbrigo dei servizi giornalieri corro in Terza compagnia per rivedere il corridoio e le stanze in cui ho accompagnato tante notti il mio Lele. Stanno pitturando e riverniciando, tutto cambia da un giorno all'altro e mi sembra invece di aver vissuto sempre qui.

Torno in fureria, non ho molto da fare. Le domande di Avvicinamento sono già state inoltrate e il mio compito è praticamente terminato. Essendo negli uffici della Compagnia sono esonerato dai servizi armati e dalle corvée. Faccio niente. Sto a chiacchierare e gironzolare per la caserma, a pigliare caffè allo spaccio e pizzette. Porto ogni tanto le licenze in Comando, accompagno Rotundo al Posta e Viaggi, lo aiuto a smistare le lettere nelle camerate, gli faccio capire che il soldato del Protocollo non è uno ma sono due gemelli e quindi non deve preoccuparsi se ne vede uno qua e subito dopo uno là, nessuno ha il dono dell'ubiquità. Imparo a sbrigare le faccenduole della Compagnia, tenere i ruolini aggiornati, controllare l'assegnazione della decade, mettere in firma i permessini e i pernotti, fare i rapportini giornalieri, rispondere al telefono senza aver bisogno di nessuno a cui chiedere e domandare. Ma quello in cui sono piú bravo e riesco meglio è chiacchierare e raccontare. Divengo ben presto amico degli anziani caporali che transitano dalla fureria per imboscarsi. Li tengo un po' alla larga, non uscirò mai con loro, ma una mezz'ora di pettegolezzi di Radionaja li concederò. Me la intendo bene col Tenente Bobby che è molto gentile e signore e scoppiatissimo perché sempre gravato dai picchetti e dai servizi. Lo andrò a trovare al Corpo di Guardia e mi fermerò con lui a parlare di Modena, dove ha la ragazza e dove capita spessissimo.

Poi succede quella storia bellissima e cioè che mentre torno dalla mensa in cui ho pranzato con Giorgio, mi ferma un biondino e fa tutta una tirata che io non capisco. Dice dunque questo, hai rivisto Gigi? E io chi è? Ma sai quella sera in pizzeria, mi ha parlato di te. E io continuo a scuotere il capo, penso chissà che vuole questo. Ma il biondino, per niente impensierito dai miei mumble-mumble va avanti e quasi abbiamo già percorso tutto il tragitto dalla mensa alla compagnia quando finalmente viene al dunque. "Insomma, se non capisci la piglio in breve, ne hai ancora di quel nero favoloso?". E io resto lí e dico no, purtroppo no, se n'è già andato da ventigiorni accidenti. E il biondino mi guarda sconsolato e dice fa niente e sta per andare via quando io scoppio a ridere e dico che poteva venire subito al dunque e non farsi problemi, che siamo tutti nella stessa sbrindellata barca, per cui... Anche lui ridacchia e cosí ci imboschiamo al magazzino e ci conosciamo.

Dunque il biondino si chiama Enzo, è alto, lentigginoso, magro-magro, una bocca in cinerama, gesticolone, occhi verdissimi, mai fermo, nevroticissimo ma non patologico, parla un sound romanesco molto bello e molto morbido, quello del Flaminio e zone adiacenti. È caporalmaggiore perennemente in lite col capitano, gli mancano solo quattro mesi al congedo, è geometra, sta in "prima squadra" nella mia compagnia. Gli dico che non l'ho mai notato prima e lui rimbecca che invece m'ha tenuto d'occhio per via del nero che avevo fumato quella prima sera con un suo carissimo amico che poi aveva fatto la spiata a tutto il giro sballato della Isonzo e che purtroppo se n'è già andato a Civitavecchia. Ecco, questo mi piace. Che con tutto il mio credermi fine osservatore e fine pensatore manco mi sono accorto che per venti giorni sono stato tenuto d'occhio, guardato a vista, che si sono informati sul mio conto e sapendo che sarei dovuto restar qua hanno preso tempo. E io allora sono sempre piú felice, dico ho trovato la mia compagnia.

Con Enzino ci si dà appuntamento per qualche ora dopo dietro l'infermeria, mi presenterà alcuni amici che hanno roba. Poi dice meglio che non ci vedano troppo insieme perché sono sputtanatissimo. Ci si lascia quindi lí dallo scalone della Compagnia. Sono eccitato, vado in camerata, e recupero dall'armadietto il necessario: pipa, chiloom, cartine e tabacco. Passo allo spaccio a bere una birra e dopo, tranquillo e fischiettante, mi dirigo all'appuntamento.

Il posto per la canna è un anfratto nel muro dell'infermeria dalla parte che guarda verso le prigioni femminili. C'è solo un piccolo camminamento fra il muro di cinta della nostra caserma e l'infermeria, un piccolo e melmoso fossato. Lí, davanti alla rientranza della palazzina sono un paio di ceppi di pioppo e due-tre cassette da frutta sistemate in circolo. In mezzo i resti bruciacchiati di un bivacco. Quando arrivo gli altri sono già lí. C'è Alvaro, primo violoncello del Regio di Torino con cui farò sganasciate e spisciate divertentissime nei giorni a venire, lui faccia da mezzo imbriaco, piccolissimo e storto nelle gambe e nel viso, Magico Alvermann somigliantissimo a Marty Feldmann per via degli occhietti tondi tondi e in fuori come quelli di una rana e naso aquilino e barbetta alla Conte di Cavour e corpo piccolo molto Hobbit della terra di mezzo e piedi che quando sta dritto si aprono uno a destra e uno a sinistra come su di un filo da equilibrista. C'è poi un bolzanino a nome Tony, anche lui sui venticinque-sei come Alvaro, tutto peloso e nero e truce come un orchetto e infatti i suoi li han trapiantati lí dalla Calabria nel ventennio famoso. Tony è completamente scoppiato per via della sua agenzia di casseforti e sistemi di sicurezza che sta fallendo, visto che ne è l'unico titolare e la sua donna la segretaria che però nulla sa di casseforti e combinazioni e lui il Tony è disperato marcio. Ha già fatto una licenza breve durante il Car perché alla Nato di Vicenza s'era ingarbugliato un allarme e lui ha dovuto correre là a riattivarlo con grandi bestemmie del nostro capitano che non voleva conceder la licenza, ma poi, si sa, ha dovuto cedere per via delle telefonate americane. Insomma il Tony è quello piú in dura per il fatto del lavoro e spesso s'imbriaca e tira dei fatti cancheri e delle fatte madonne ai militari e alla patria che sembra proprio una girandola senza limite di invettive e improperi e insulti fatti in ladino, tedesco e madrelingua. C'è infine Enzino il biondino che rolla come un dannato e ridacchia sottosotto e mi presenta. Gli altri già mi conoscono per via delle domande di avvicinamento inoltrate, ma io non li ricordo, e loro subito a chiedere quando arriverà la risposta, ma io li fermo e dico belli miei parliamo d'altro.

Quella prima sfumacchiata dietro l'infermeria sarà l'inizio della nuova storia del Caravan in cui conoscerò un sacco di gente e ne combineremo di tutti i colori noi del pulmino. Infatti una sera che siamo tutti sfatti e persi per Orvieto rimorchiamo anche Renzu che è appena reduce da un acido fatto durante il piantone d'armeria e non ha assolutamente dormito per questi due giorni trascorsi a rimpiangere la partenza napoletana del suo amico Nappetti Walter; e quindi Renzu è giú di corda e tutto un lasciamento terribile. Quella sera lo trasciniamo nella nostra combriccola e diverremo inseparabili per quei venti giorni. Ci sono inoltre due spiantati casertani piccoli e buffi e punkettari appena appena arrivati dall'Ospedale Militare con un sacco di ottima roba, marocchino e libanino giallorosso. C'è un najone amico di Enzino, suo compagno di scaglione, milanese. C'è quel biondo che m'ha sorretto il primo giorno della vestizione e che è finito dopo il Car nella nostra compagnia, ma è troppo per bene e oltre un po' di vino non va proprio. Insomma nelle libere uscite saliamo tutti sul Bedford del Tony e girovaghiamo per la campagna umbra imbriacandoci e stonandoci con litri e litri dell'ottimo vino che fan qui e mangiando galletti arrosto e pizze al taglio e sentendo ottima musica con lo stereo del Tony che ha sei casse dislocate sul furgone, due davanti, due dietro e due ai lati.

Basta dire che Tony è bolzanino per capire in che modo può guidare il suo Bedford fra le strettoie di Orvieto o di Todi o di Gubbio, tutte città che abbiamo raggiunto nei sabati e nelle domeniche turistiche e stravolte. Il Magico Alvermann è sempre quello che sta davanti, comodissimo con l'indice sulla cartina d'Italia e naturalmente fa il navigatore e dice per di qua e per di là finché non si becca una via morta e allora viene retrocesso in ultima fila. Musica naturalmente a tutto volume e noi schiamazzanti e urlanti come quel giorno del lago di Bolsena raggiunto in una meravigliosa giornata di maggio quando ci è capitato davanti un pullman di turiste francesi e allora via a strombazzare e sorpassare rischiando frontali a ogni metro finché le pollastrelle si sono accorte di noi che facevamo l'intorto e hanno iniziato a mandar baci e abbracci radunandosi tutte al vetro posteriore dell'autocorriera e non finivamo mai ed Enzino e Tony e Renzu che dicevano quella è mia quest'altra è tua e insomma se le litigavano finché il Tony non ha sorpassato, il magico Alvermann capocciato contro a un box che era tutto un bitorzolo e un promontorio ovunque lo guardassi, e s'è arrestato a un duecento metri dal pullman e nella piazzola di sosta tutti giú a pisciare sulla strada e mostrare il pregio dei nostri vent'anni e quando è passato il pullman urla e grida come proprio dei soldati affamati e insomma s'è finito a cenare in una trattoria sul lago col Tony che alla chitarra faceva roba strappalacrime Inti Illimani e compagnia bella e noi a sbrodare e struggerci finché non è arrivato a Morti di Reggio Emilia e allora a quel tempo lí siamo crollati.

Insomma il nostro concerto ambulante inizia ora ogni sera e prosegue poi su alla Compagnia Fantasma dopo il contrappello fino a notte fonda tanto che il giorno dopo siamo sempre sfatti e smorti, per me non ci son problemi visto che ho un compito da svolgere altrettanto fantasma, ma per gli altri, a lungo andare, il ritmo delle stonate pesa. Ma non c'è tempo per pensare a quello che accadrà l'indomani quando saliamo alla Quinta Compagnia che è poi il piano piú alto della caserma di Orvieto e disabitato in quanto tutto una perdita dai tetti, dalle porte e dalle vetrate rotte. Per entrare qui bisogna forzare una porta di legno che i nostri predecessori hanno sbrecciato in basso. Si striscia dunque sotto alla portapia mentre un paio sollevano i legni dai cardini arrugginiti e si entra nel buio del corridoio. In terra sono giornaletti porno, resti di falò, fazzolettini, cicche, vetri, imposte, brande accatastate e inservibili, insomma tutto l'armamentario di una soffitta umida e polverosa. Ma in fondo al corridoio è ancora intatta l'aula delle lezioni sistemata come un'aula universitaria con banconi e gradinate. Qui stanno i nostri tre gatti Piave, Isonzo e Tagliamento, noi portiamo da mangiare i resti delle nostre colazioni e anche quel po' di latte in polvere che si riesce a fregare dalle talpe messe di servizio in cucina; qui si fanno le canne a lume di candela bene attenti a ricoprire con vecchi e lerci panni la vetrata che da sulla piazza d'armi e quindi molto pericoloso sarebbe far filtrare all'esterno un bagliore quando tutti sanno che lassú è abbandonato e disertato. Cosí dopo il contrappello sgusciamo dalle brande, passiamo a darci il segnale e usciamo uno alla volta, in silenzio, dalla compagnia. Ci si trova tutti su al covo con bottiglie e spinelli e pasticche e mangianastri tenuto però a volume minimo. E cosí a lume di candela proseguiamo i nostri svacchi raccontandoci, ridendo e sciogliendoci in quelle immagini nebbiose che l'haschisc racconta insieme al vino e alla stanchezza e che sembrano darci, per qualche ora, i movimenti perduti della libertà.

Tutto il peso dei servizi della caserma ricade ora sulle spalle della nostra compagnia allo stesso modo in cui ricadeva sulla quarta quando siamo arrivati. È la regola. Per sbrigare le necessità della vita alla Isonzo una compagnia su quattro, a turno, si trattiene. È toccato a noi. I ragazzi sono pressati dalle guardie, dalle corvée, dai Pao, dalle pulizie, dall'NCC. In piú bisogna fare la seconda puntura e i malati si sprecano. I disponibili diventano sempre meno, licenze non se ne vedono, il clima si fa ogni giorno piú pesante, cominciano a volare gavettoni di notte, le prime risse, le violenze. Anch'io faccio un paio di Pao, due ore di guardia e quattro di riposo per ventiquattrore. Differentemente dalle guardie possiamo riposare in branda e svolgere il servizio in coppia. Cosí quella sera buia e scoglionata in cui dovrei rimanere in caserma di servizio vado dal Bobby che è tenente di Picchetto e gli dico fammi uscire per l'amor di Dio che proprio non gliela faccio a rimaner qui quando tutti son fuori a far canne e divertirsi, fidati di me, tornerò in tempo per le undici e montare, fidati di me. E Bobby cortesissimo dice vai che ti copro io. Cosí m'involo in camerata, mi cambio e scappo verso l'osteria dove sono gli altri con chitarre e amatriciane e spinelli, vado lí di corsa e dico ci son anch'io brutti bastardi, e cosí ridiamo e chiedono come ho fatto ad uscire e chi ho corrotto e tutte quelle solfe lí. Ma all'osteria c'è una ragazza freakkettona che serve a tavola, è la figlia della padrona e hanno queste due stanze puzzolenti e fintoetrusche con rilievi murali e pittature di satiri e fauni e nature pompeiane, ma hanno anche prezzi stracciatissimi eppoi si può far casino perché è luogo sconosciuto ai najoni, quindi si sta con gli sballati orvietani e con lei e tutto il nostro giro. Renzu sta ridendo come un pazzo. È vestito con la sua solita salopette piena di medagliette come un generale, Sex Pistol, Joy Division, Clash sempre Clash che poi vedremo insieme a Bologna per la loro prima tournée italiana dopo aver ottenuto un funambolico trentasei ore ed essere coperti nel rientro dal solito Bobby e dall'Enzino. Ma ben presto è ora di tornare in caserma, io sono fatto che non mi reggo in piedi ed è infatti Renzu che mi porta davanti all'armadietto e dice di indossare la mimetica e ripigliare il fucile e andare dabbasso per il servizio. Ma io comincio a strillare noo, la mimetica nooo! e poi a cantare non l'avevo desiderata onnonnò, tanto che lui si spiscia dal ridere e non capisce la tragedia di me che non voglio entrare nel vestito del soldato. Cosí va a chiamare gli altri perché Stronzissimo Stravella, il nuovo tenente, ha cominciato a fare il contrappello e già è in prima squadra. Allora si mettono in tre a cacciarmi nella mimetica e scappano al postobranda appena in tempo per rispondere "Comandi". Io esco invece tutto imbriaco con il fucile e scarpino strascicato verso lo scalone. Stravella mi vede, esce dalla camerata e chiede che faccio, perché non sono al mio posto, resta punito. E io dico, vèee lasciami in pace che proprio stasera la mimetica mi prende male ma cosí male che non c'hai manco idea, e lui torna a chiamare e dire attenti e quelle robe lí e io dico ormai giú per le scale che sono di Pao e devo montare e se non vado subito se la piglia lui la responsabilità. Paopao scoppiatissimo dunque quella notte, Bobby dice che se tardavo un altro po' avrebbe dovuto mandar le guardie a cercarmi e scovare un sostituto e scombinare i turni e i riposi, oh certo se la sarebbe cavata ma io, la disgrazia della patria, non avrei piú dormito per le ritorsioni e le vendette, insomma un gavettone di piscio o cacca dietro l'altro. Ma alla fine sebben fatto e stonato son arrivato, mi caricano il fucile e prendo il mio posto dietro al Club del Granatiere che dovrei sorvegliare e badare e curare e nessuno fare avvicinare, insomma dovrei far la spola avanti e indietro e dire chi va là alto là e tutte queste cantate che proprio non mi frega un cazzo se dovessero arrivare i brigatisti e i terroristi, che volete che faccia? Io dico be' se volete far una partita a biliardo avanti prego signorini miei, visto che siete arrivati fin qui prendete e rubate tanto funziona una minchia di niente, ci danno caricatori sigillati e Garrand inceppati, figuriamoci io che salvo l'onore della Patria dopo che ne han fatte di tutti i colori per sbaraccarla giú, ah no, io mi sbatto davanti al Club del Granatiere e mi metto a dormire con il mio socio di Pao che dice sei matto, se arriva l'ispezione, se arriva il colonnello, se arriva la pattuglia e continua a punzecchiarmi perché mi alzi e riprenda la guardia, ma poi io mi scazzo e gli dico senti bello mio tu fai la tua guardia e se arriva l'ispezione intoni la bella gigogí che io capisco tutto e mi sveglio, intanto però dormo, ok? Cosí passano in breve le due ore notturne, ogni tanto sbatto la zucca per terra e riapro gli occhi, ma di mettermi in piedi proprio non ho nessun tiramento. Viene il cambio e torno in branda all'una. Ma alle cinque devo rimontare per l'ultimo turno fino alle sette ora della sveglia e quando il compagnozzo viene a svegliare sono cosí incazzato e stravolto che lo piglierei a pugni. Pazienza, vado da Bobby che torna a riarmare il fucile e mi mette alla porta della caserma fino alle sette. E cosí quando termino il mio turno e vorrei almeno riposare in branda per dieci ore filate, inizia invece la giornata del soldato con alzabandiera e pulizie e lustramenti e sgorgacessi e lavacri alle finestre e abluzioni ai lavandini e candeggine e ammoniache e detersivi oplà lo sporco se ne va versati a profusione senza capo né coda, i piantoni lustrano, ramazzano, spazzano tutto un frou-frou della scopata e della strigliata e passano cere e stracci e pezzuole, lustrano le brande e gli armadietti, le finestre e le ginestre, lustrano i lavandini e gli scarichi versando detersivi e stumpamerde e poi tirano la catenella e allora salgono dalla latrina le millebolle blu del lindo e del pulito, sale odore di petunia e profumo di Bitinia, tutto un olezzo che il capitano scortato dall'antipaticissimo Stravella annusa con le narici all'insú e gli occhi chiusi cosí che capisce al volo da quale parte proviene e se tutto va per il meglio.

Cosí io non posso assolutamente svaccarmi in branda e dormire-dormire-svenire-morire, no, perché c'è tutta la solfa dei piantoni e lustratori allora me la svigno in compagnia fantasma, mi faccio un giaciglio alla meno peggio e tento di dormire almeno fin quando l'outsider gatta Caporetto viene a strusciarsi con tutte le sue piattole sul mio viso e procurarmi cosí, la dannata, un'allergia di sternuti e di singulti.

Magico Alvermann ha sempre storie incredibili da raccontare e noi le beviamo con infinito piacere visto che nessuno di noi ha mai trovato nella sua carriera un menestrello tanto abile. Alvaro dunque è stato dappertutto, dice di essersi imbarcato per la prima volta a sedici anni con il padre su di un mercantile verso l'Estremo Oriente. Qui ha avuto la sua iniziazione in un bordello di malesi bellissime e armoniosissime con curve e tette che lui racconta sinuosamente gesticolando, buttanto la lingua in fuori e producendo pause che ci tengono tutti lí in sospeso, insomma Alvaro vieni al dunque! È stato alle Filippine, al Borneo, a Honk-Kong, in Nepal, in India, alle Galapagos, alle Barbados. È stato in Pakistan sempre per via di navi e scambiomerci e lí ha conosciuto il Pakistano bianco. Tutti sbarran gli occhi. Ma come, ma come? Non era nero? No ragazzi, molto meglio, davvero sublime, quasi un acido, anzi decisamente piú completo di un misero acido sintetico. Il pakistano bianco è ricavato dal nero lasciato ammuffire in appositi contenitori e alla temperatura giusta, come uno champagne, ragazzi. Si scrosta poi quella muffetta e la si fuma, questo è il non plus ultra, credete a me.

Molte altre stranezze abbiamo imparato dall'enciclopedico magico Alvermann, tanto che quando sei completamente fuso fai molta fatica a scambiarlo per un umano. Lo crederesti piú uno gnomo, un folletto, uno spiritello. Lui che scrive queste lettere sublimi alle sue donnine trenta-quarantenni che lo adorano e lo amano e lo ricoprono di posta e missive e regalucci. Scrive dunque attacchi mozzafiato del tipo: "Ah mia dolce donzella nella mia lontana solitudine rimpiango la tua favella, dall'alba al tramonto penso sempre al mio ritorno quando finalmente scioglieremo questa atroce lontananza — oh mia diletta — in infuocati abbracci, baci mordaci e fulmini e saette. Ah perbacco bella mia quando ti rivedrò? Quando suonerò il tuo corpo come eravam usi nelle lunghe notti d'agosto? Quando accorderò il mio animo traboccante alla tua fonte sorgiva? Anima mia, io ti penso sempre e sempre e sempre..." Eppoi finita questa lettera ne attacca un'altra sempre con gli occhietti rivolti in alto e la matita in bocca e la manina sulla barbetta da nanerottolo, magico Alvaro che spiegava ai ragazzotti e ai picciotti come scrivere lettere, come condirle d'affetto, come farle palpitare. E tutti attorno alla sua branda a ringraziarlo e baciargli la mano e riservargli poi in mensa il posto e l'aranciata, aveva tutto un suo scodazzo l'Alvermann che pareva la processione del Venerdí Santo.

I suoi capolavori però erano quelle canne nelle bottiglie di coca che riusciva a rollare anche alle tre del mattino su al nostro covo, era un piacere e un godimento vederlo impastarle e mischiare e leccare e far su il filtro, provare l'ebollizione dell'acqua e via discorrendo. Faceva canne meravigliose e imponenti con filtri lunghi dai trenta ai quaranta centimetri tanto che a fumarli sembrava di star lí a suonare le trombe di Gerico perché il fumo arrivava talmente forte e talmente in blocco che rimanevi sottochoc per dieci minuti buoni. Usava naturalmente la frutta: arance, pere, mele, susine, ananas e banane trafitte dai filtri e dai joint; usava i chiloom, le pipe, e cartine di mais, quelle integrali, quelle macrobiotiche e quelle alla menta assolutamente introvabili in Italia benché confezionate a Fabriano. Insomma era il nostro dio. E come le condiva queste canne: "Ah cocchi miei or mi sovvengo di quella volta giú nell'Alto Volta allorché una mandria inferocita di bisonti caricò la spedizione, avevo diciottanni allora ed ero con un vecchio baleniere di Nantucket che poi non ho rivisto piú, perché i bisonti caricarono cosí forte e cosí improvvisamente che mi ritrovai svenuto in un villaggio di aborigeni curato dallo stregone che poi scambiò sua figlia per il mio zippo, una bella negrettina sapete, con quelle tettine aguzze e struzze, uno sballo insomma, e che fichetta che aveva nera e tesa come seta, be' insomma a lei dopo ho dato la libertà appena arrivati a Capetown, ah no sto confondendo, quello era l'anno successivo e stavo lí per una storia di diamanti, sí si ora ricordo perfettamente..."

Fabulatore innato dunque questo Alvaro che quando è vestito da soldato non capisci se è una pianta o un fungo, abbiamo fatto un Pao assieme un giorno che pioveva come dio la mandava e per Orvieto transitava addirittura il Giro d'Italia e la caserma era tutto un trojaio di autolettighe e ambulanze e barellieri e crocerossine. Alvaro aveva preso a far tresca con una di queste suffragette e le faceva dei Bye-bye tremendi sotto la sua mantella grigioverde che lo rendeva, appunto, un fiore di bosco. Io mi spanciavo dal ridere finché non è passato il capitano che ci ha riconosciuti e ha sbottato in un oh finalmente la cultura in armi, eppoi ha fatto un'intervista impossibile, ma per fortuna Alvaro ha risposto lui che con la sua paraculaggine se la sa sempre cavar bene.

E quella notte di Pao tetra e uggiosa arrivò finalmente Renzu, il grande amico Renzu, con una bottiglia di Veuve Cliquot sgraffignata giú per la via del Duomo e me la fece stappare dicendo che l'aveva portata per me e ci siamo molto abbracciati e sbronzati quella volta delle ruberie perché poi il vizio ci aveva presi e di solito lui fregava libri e li regalava e anch'io facevo altrettanto, tranne quella notte in cui lo andai a trovare al posto di guardia completamente sfatto sul suo giaciglio lercio, lo andai a trovare di nascosto e gli portai tre mignon di fernet e una fetta di torta ai mirtilli che mi ero tenuta in tasca per tutto il tempo della libera uscita. Insomma ci usavamo molte gentilezze e molte carinerie in quei giorni, e addirittura successe che io spostai piú volte il mio postoletto in squadra di Renzu e Agi Carcassai e dormivo con loro dopo le visite al covo del piano di sopra.

Agi Carcassai è un ragazzotto di leva, quindi giovane e scemotto che gira per Orvieto tutto in casual firmato, Ray-Ban, Barrows, e Nikon a tracolla. La sua teoria è che conciato cosí bene le fighe lo pigliano per turista e non per soldato disperato e quindi gli si incollano. Agi Carcassai ci ha fatto crepare perché ogni settimana aveva un morto o un infortunato in famiglia per cui riusciva sempre a beccarsi licenze e GMF, i maligni della sua città dicevano che aveva i nonni nel freezer del suo ristorante e il padre glieli sgelava all'occorrenza per poi re-ibernarli una settimana dopo. Ma l'Agi Carcassai non aveva mai fumato né si era sbronzato e tutto ciò glielo abbiamo insegnato noi, i traviatori, con sommo godimento perché quando lui si stonava ne diceva di tutti i colori, poi dopo quella notte in cui è partito dritto dritto sul violento non lo abbiamo piú voluto e gli abbiam detto che queste sono cose da paraculi fighini e fascistelli e che in caserma c'è fin troppa violenza perché ci mettiamo anche noi a provocar risse e tafferugli. Ma quella notte di rientro dalla libera uscita Agi Carcassai era proprio partito e continuava a rotolarsi sulla branda dicendo poesie di quand'era bambino e strafalcioni terribili e sempre: "Ah Renzu come me gira, ahi come me gira! Nun la tengo Renzu, quanto me gira, è un vortice, un gorgo, ahi, ahi" e noi abbiamo ridacchiato per i primi dieci minuti, ma poi la lagna è continuata per un'altra buona mezz'ora finché tutti urlavano dalle camerate: "E impiccati!" "E sbattila contro al muro!" e lui rispondeva e gettava insulti e diceva che avrebbe rotto il culo a tutti se solo osavano andargli vicino. Poi sono intervenuti i caporali che si credono sempre di poter fare il bello e brutto tempo; sono intervenuti e hanno fatto il passo falso. Tornano ad accendere le luci, gli vanno vicino, gli scuotono la branda, gli dicono senti cocco qui ti sbattiamo sotto le docce se non la finisci e allora lui: "Voi sbattere me, vi rompo il culo" ed è saltato giú dal letto tutto peloso e nudo che sembrava uno scimmione e ha preso a dir cazzate e gli altri a rispondere e tutti si dicevano non mi toccare, e chi ti tocca, sei stato tu, no non io, perché mi guardi, e chi ti guarda, e chi ti caga, e chi ti vede, io ti vedo, non osare, ma chi osa, osa tu. no oso io, mammete e sorrete, e siamo sempre lí, insomma come si sa il preludio delle botte. Che sono poi puntualmente giunte con tiri di materassi e cuscini e sfasciamenti di brande e armadietti e bucchine, e sfacimme tanto che tutta la Compagnia era un zero in condotta e volavano bottiglie e grimaldelli e giornalacci osceni che i piú furbi si prendevano e andavano a leggere dal piantone dell'armeria. Sono poi intervenute le guardie con l'ufficiale di picchetto a calmare tutta l'accozzaglia di siciliani e calabresi e brasiliani e terroni e milanesi e ticinesi e marchigiani che se le davano di santa ragione. Però dopo quella sera l'Agi Carcassai non ha piú fumato con noi.

Intanto dimenticavo il mio Lele, lasciavo che il suo ricordo si espandesse nei dormiveglia e si dilatasse come una nebbia calda nelle mie passeggiate al lato Nord. Volevo imparare a non soffrire per la sua assenza; lasciavo vagare nella mia testa i pensieri di cuore come leggere condensazioni di umori, li spingevo e li soffiavo dentro di me, li lasciavo girare e circolare, permettevo loro di espandersi ed estinguersi. Non offrivo resistenze, non li volevo trattenere, non mi volevo arrestare in loro. Stavo cercando di non soffrire. Solo cosí potevo evitare una tempesta.

Ma ormai ero sempre piú raramente solo. La nostra ghenga si riproduceva ogni giorno con diramazioni sempre piú estese e vincoli sempre piú trafficati. Enzino ed io eravamo un po' il terminale di Radionaja per il fatto che non avevamo un incarico ben definito e quindi ci si poteva dedicare pressoché a tempo pieno a imbastire trame e smistare relazioni. Dopo l'alzabandiera salivamo in compagnia fantasma a farci una canna con quanti non erano comandati di servizio. Questo era il buongiorno. Dopo iniziava la parte piú difficile, arrovellarsi ore e ore a cercar di passare il tempo senza combinare un cazzo. Facevamo allora alcuni salti in fureria tanto per pigliar una carta e passeggiare poi fra la Palazzina Comando e gli uffici della compagnia. Si andava a trovare qualche caporale imboscato in sartoria o dal calzolaio, si faceva visita a quelli che pittavano i corridoi e si dava una mano di colore tanto per lasciare un segno; poi un caffè sotto al porticato, un giretto in fondo al parco a trovar le guardie e chiedere se avessero bisogno di qualcosa, una pizzetta allo spaccio, un consiglio al Bebo che tosava le piante nel vialetto ed era il mastro giardiniere della Isonzo. Poi a mensa. Nel dopopranzo la stanchezza cominciava a farsi viva e lo svacco a divenir pesante. Ma come al solito Magico Alvermann aveva trovato una soluzione. Con il fatto del suo violoncello e tutta la sua paraculaggine, qualche telegramma dal regio e qualche telefonata fatta bene, ma proprio, era riuscito a beccarsi una licenza e portarsi in caserma il suo violoncello. Cosí nelle ore libere in cui c'è il solito svacco nelle camerate con guaglioni che fanno treccine tricolori come tante beghine e picciotti che ricamano penne a sfera con i nomi delle fidanzate e delle vergini e delle sorelle tanto che tutta la camerata sembra proprio un carcere per via di tutte queste galeotte attività manuali & pratiche da convento e ospizio e brefotrofio — naturalmente molto piú "carcere" che se non fossero tutti in silenzio con gli occhi pesti e gli anfibi lerci a slumare il soffitto — insomma il Magico Alvaro tira fuori il suo violoncello, si sgranchisce le dita e attacca a suonare con tutto il suo scodazzo del Venerdí Santo che spegne radio e mangianastri e cassette e dice soldati ascoltate l'arte vera. Lui quindi sul suo cadreghino circondato da najoni e baffoni e facce stravolte che lo ascoltano e dicono ooohhh e bohhhh fin quando ne arriva un altro con un violino appena appena recuperato, ancora in borghese perché ha fatto un salto ad Arezzo con un sette-tredici. Per cui tutti i musici in un paio di giorni rompono il cazzo al capitano per via delle licenze dello strumento e in breve la compagnia è tutta questa sala di concerto con flautisti e citaredi e menestrelli e contrabbassi che di piú proprio non si potrebbe. E i musici hanno talmente preso il sopravvento che ormai non si sentono piú Hit-parade in compagnia e tutti solfeggiano e gorgheggiano che pare un monastero gregoriano. Il capitano comincia ad innervosirsi e io lo becco un giorno che fa tutta una tiretera al tenente e quasi piange perché dice che la sua compagnia non è mai stata un'aula da concerto e questi qui invece paiono davvero al conservatorio e accidenti anche l'armeria non ha piú fucili e mitragliette, ma è tutta piena di contrabbassi e violoncelli, fanfare, pifferi e trombette che sembriam le majorette mica il sesto granatieri! E allora il tenente suggerisce di istruire la banda perché suoni l'Inno Patriottico all'alzabandiera con grande soddisfazione del Colonnello e lustro per la seconda compagnia. Cosí iniziano le prove di Mameli dall'alba al tramonto, una cosa da impazzire perché c'è questo cazzo di strombazzamento da mattino a sera e non si può star tranquilli, tutto rimbomba e rieecheggia dai cessi all'armeria, dalla fureria allo scalone e loro sempre lí con pifferi e trombe e violini, una cosa da dar di matto. Cosí viene il giorno della prima esecuzione, il nostro capitano ha l'onore di dar lui gli ordini e sfilare la sciabola e la cintura azzurra e tutte le sue medagliette cosí che quando grida signorini bene bene sull'attenti oplà, sbucano di corsa dal portone della compagnia i musici con tutti i loro violini e fagotti in spalla guidati dall'Alvaro che inciampa e strampola nel suo violoncello e quasi stramazza a terra tanto che Renzu comincia a ghignare e dice ma chi sono questi qua, l'esercito della salvezza? I musici sapranno anche suonar bene ma sono assortiti malissimo in statura, ci sono due altissimi, tre nani, Alvaro che ha sempre quell'aspetto di rampicante non inaffiato da cent'anni e insomma pare proprio la banda del West. Ma mentre questi corrono per il piazzale e si inquadrano davanti alla bandiera parte il solito disco con scorregge e strofinii e gracchiamenti e pernacchiette ta-tatataaaa e via. Il capitano fa occhi della malora, il tenente corre dallo stronzo centralinista che non è stato avvertito, il povero, e manco può vedere quel che succede nel piazzale perché è mezza talpa. Si arresta il disco. Il capitano ripete il via e partono finalmente i violini e le fanfare e il violoncello che poi manco si sente nel casino di quei due flauti di Merano che quasi quasi piantan lí un Holeleidi da tirarsi giú i calzoni e sguindolare come tante sorelle capinere. Insomma una cosa da far spavento, le trombe che vanno per un verso, i violini per un altro, il trombone che fa trum-trum come in discoteca, e i pifferi pereppeppè come nel paese dei campanelli e poi zaczac degli archetti e zum-zum del magico Alvaro e tin-tin e bum-bum, tutto un concerto l'Italia s'è desta, una babele, una pagliacciata della madonna tanto che poi la banda è stata sciolta e a noi del giro dei maligni è anche un poco dispiaciuto perché ci si era ormai abituati a correre ai cessi con tutto il sound del mambo e svuotarsi con il tango, era davvero bella cosa quindi peccato peccato.

Ma i maledetti lasciamenti sono dopo sopraggiunti in una notte di bufera e tempesta su alla Quinta Compagnia a lume di candela con canne e joint che giravano a ciclo continuo e i bagliori del temporale avvampavano i nostri visi come in una discoteca al quarzo e lo stereo gracchiava perché ormai scarico e a secco come probabilmente si era tutti noi, dieci o undici del vecchio giro che l'indomani ci saremmo salutati e abbandonati ognuno alla propria destinazione. Notte quindi insonne e trafelata e abbioccata di ritorno da quei disastrosissimi seggi elettorali di inizio giugno ottanta sparsi nelle montagne di Terni fra cafoni e pecorai e carabbenieri che hanno razzolato vini, cibarie e dolcetti per le loro famiglie e a noi soldati scalcinati hanno lasciato meno di niente. Maledettissimi seggi notturni in cui si doveva montar la guardia con elmetto e zainetto e maschera antigas e le ronde e le pattuglie che suonavano a ogni ora all'ingresso di questa bislacca scuola elementare in cui eravamo asserragliati come carbonari, io che invece avrei voluto spalancare tutto e gettar via urne e preferenze e schedine che tanto non avrebbero vinto, i cafoni, nemmeno centolire. Ero tallonato da un sergente tracagnotto firmaiolo e facciainculo con cui trovai subito il modo di litigare per via della branda, lui faceva un cazzo, intortava le scrutatrici e squaqquerava col compà carabbeniere e noi tre invece sempre dritti e sempre in piedi anche quando c'era da sostituire quell'altro di Cielle che era sempre imboscato nella chiesa del villaggio per salmi vespri lodi e messe; e la notte manco una rete, tutti a dormire in terra o sulle scale o sotto i banchi della scuola ammassati verso la parete. Lí mi ero fatto una tana che parevo un trapper, avevo messo una coperta in alto e sotto il materassino e cosí poteva anche parere la capanna dello zio Tom o di un terremotato e alluvionato, ma non esisteva altra sistemazione, naturalmente tornarono bronchiti e sinusiti, figuriamoci, quattro notti sui pavimenti gelidi della montagna.

Ma la notte degli addii fu terribilmente languida e malinconica, mi perdevo nelle grandi braccia di Renzu, gli dicevo vedrai vedrai, gli facevo il contropelo in quella sua ispidissima barbanera che poi avrei ricordata per tanti mesi ancora e fu tutto uno scambiarsi affettività ed indirizzi e guardarci un po' curiosi come ragazzi che non si sarebbero piú rivisti, quasi a voler trattenere nel pensiero un viso, una mano, una parola e pensare che tutto quel tempo dell'affiatamento e delle carinerie e degli amori era già finito, quindi ti guardo ti guardo perché mi pare — dannazione — di non averlo fatto mai.

Sarei allora partito l'indomani mattina con destinazione Roma, caserma Macao, Brigata Autonoma Raggruppamento Ministero della Difesa Esercito, (BARDIFE) trasferimento improvviso e sorprendente, il capitano della Selezione mi manda a chiamare quando ancora sono lí in fila all'armeria per depositare il fucile e le pallottole dei seggi, e allora vado e questo mi dice che l'indomani me ne andrò al ministero con altri tre-quattro, che la mia destinazione è cambiata e che là mi troverò davvero molto bene.

La mattina della nostra partenza siamo tutti lí noi del Car Avanzato sulla piazza d'arme inquadrati a seconda della varie destinazioni, con la drop e i sacchi e i fagotti e i fogli di viaggio in mano. Enzino verrà a salutare, verranno il Gatto Alessio e la Volpe Franco, verrà Rotundo, verrà Bobby cortesissimo che rivedrò a Piazza di Spagna il febbraio del prossimo anno finalmente congedato e disteso, ma è soprattutto con Renzu che ci salutiamo, ho fatto appena in tempo ad allungargli del fumo comprato apposta da uno strozzino della terza compagnia, gli ho detto, ti servirà almeno i primi giorni. Cosí eccomi nella stazioncina di Orvieto Scalo per un viaggio breve esattamente identico a quello di due mesi prima per il Celio, ma ora senza sapere né il come né il quando completamente fatto in un vortice di haschisc dove andrò e cosa farò, mi perdo nelle gallerie della direttissima, sto male male, arrivo a Roma stanchissimo e strafatto, ma per fortuna il lager è lí a due passi da Termini, bisogna consegnare le schede al furiere, trovare un posto branda e un armadietto non scassinato, andare in magazzino per il materasso e le coperte, disfare gli zaini, rimettere gli abiti nell'antina, eseguo tutto meccanicamente, sento gli sguardi curiosi dei najoni addosso, ma non ho la forza né di parlare né di salutare. E il giorno dopo comincia questa naja romana io che invece credevo di rimaner al Sesto per sempre e già lí avevo i miei angoli e le mie passeggiate e ora invece questa caserma strana con carabinieri a cavallo che sfilano ogni mattina e soldati tutti in taglia minima, bassotti e tracagnotti da far schifo. Lascio gli alamari biancorossi del Sesto Granatieri per le ridottissime mostrine arancio dei Reparti Autonomi, cambio il basco nero con uno kaki ridottissimo, scucio lo scudetto della brigata dalla manica della giacca, ma mi frega niente, l'importante è piazzarsi il piú presto possibile in questa nuova storia.

Nelle mie libere uscite non so bene cosa fare, di solito pranzavo nei ristorantini per turisti di Campo de' Fiori o di Trastereve, non andavo nelle birrerie e nemmeno nelle pizzerie, non sopportavo l'idea di trovare altri militari, stavo solo e pensoso seduti ai piedi di Palazzo Farnese a guardare il cielo notturno di Roma ed ero un po' come una vecchia zitellina uggiosa e pensosa e malinconica, avevo il sound dei miei amici in testa e questo mi faceva lacrimare perché di loro non mancavan tanto i ricordi dei visi o i sorrisi che avevo stampati bene in mente, ma soprattutto la voce, le loro cantilene, le loro inflessioni che mi facevano strabattere perché erano cose nuove e cose belle e nient'affatto arroganti com'è il romanesco che invece Enzino parlava in un modo stupendo oppure il dialetto di Macerata che è terribile ma Renzu lo recitava con tanta gentilezza e grazia anche quando bestemmiava che io sballavo e volevo parlare come lui e muovere le sillabe come lui con lo stesso gesto di bocca e lo stesso movimento di cuore, eppoi tutte le cadenze piemontesi e sabaude e del lombardoveneto, insomma io stavo lí a Piazza Farnese completamente rapito dalla mia babele di affetti vocali, espandendo le mie leggere disgrazie in quel profondo blu notte e bevendomi litri e litri di disastratissima birra in lattina e cantandomi qualche accordo di quelli buoni per sentirmi meno solo, ma era tutta una bugia, mi guardavo e mi accorgevo che c'era niente da fare: finivo dove finivano le mie mani, le mie labbra inaridivano una sull'altra.

Libere uscite dunque e week-end solitari di quell'inizio giugno, passeggiate, grandi meditazioni in S. Luigi dei Francesi, svacchi pomeridiani al Pincio per sentire almeno un po' di sole caldo e tiepido nelle ossa e odore di terra attorno. Moltissimi film, qualche teatrino e i soliti caffè. La testa non si rassegnava, continuava a mandarmi a Bolsena, agli svacchi sugli scalini del Duomo, a Lele, a quel falò che s'era faticosamente acceso con canne e sterpi verso l'imbrunire in riva al lago di Corbara in una di quelle ultime uscite del nostro giro carichi di vino e cibarie e musica a tutto volume ed era stato bellissimo perché ci si era perduti nella macchia e arrivati di fronte a un ruscelletto Tony era sceso per controllare il guado e infatti, lentamente, siamo passati dall'altra parte spingendo il Bedford e insomma su era una musica tutta country e il sole andava giú fra gli alberi dorati e lo giuro a nessuno in quei momenti veniva da dirsi sono a fare il militare, tutto troppo armonioso e stupendo e cosí sulla riva del lago Enzino gareggiava a lanciare sassi e farli rimbalzare, Tony s'era appartato con la sua chitarra e disteso un panno accanto al furgoncino la pizzicava malinconico, io passeggiavo con Renzu cercando di non entrare in quel fango nerastro e bruciacchiato che limitava i confini del lago, tutti lí, di nuovo riuniti attorno al fuoco a cantare con Magico Alvermann e imbriacarci e mangiare pizzette ormai fredde e polli carbonizzati e rollare canne su canne senza pensare al dopo, senza mai per un attimo accorgerci che quello era già un passato e un rito, un festeggiamento anticipato del tempo che ci avrebbe distaccati e di nuovo gettati ognuno nella propria storia separata, ma io lo sapevo, lo sapevo maledizione che era già tutto finito ma fingevo, non avevo via di scampo, mi dicevo sto bene, sono felice, devo ricordarmelo che qui, ora, stanotte sto bene, anche se in fondo ero molto malinconico quando mi specchiavo nei grandi occhi liquidi di Renzu, anche lui forse sapeva... E a Roma mi sento quindi come questa bacchetta di pianta appena recisa dal suo tronco, ancora gocciolante di umori e scintillante di quelle rugiade bevute nel ceppo, ma non so, non so se il mio destino sarà rifiorire e trapiantarmi come sempre su altre storie e altri incroci e di là di nuovo ripartire e splendere e mischiarmi e intrecciarmi, oppure seccarmi e morire e dio mio finire e non conoscere piú quelle riproduzioni e quei riciclaggi di me che mi facevano star bene e dirmi son contento, in fondo basta che abbia qualcuno da amare, basta un territorio di diffusione d'affetto e sarò per sempre salvo. Ma Roma mi appare ora un brulicare di storie assolutamente arido, un deserto in cui non c'è posto per le mie intensità; è ancora tutto troppo chiuso nella mia testa, tutto troppo trattenuto. Posso solo osservare, curiosare, scrutare negli altri i movimenti di senso, questa è l'unica cosa che mi da pace: mi metto in purgatorio e mi lascio vivere negli spostamenti collettivi.

Ma è proprio in uno di quei rientri in caserma spossati e solitari e bevuti che alla fermata dell'autobus in Corso Vittorio mi vedo passare davanti Beaujean nello splendore imberbe dei suoi diciannovanni che si sbraccia e fa sorrisi e saluta e allora io dico ma questa pupa qui io la conosco, questo era con me a Orvieto. Cosí ci siamo abbracciati come amiconi e conoscenti anche se in verità non lo eravamo affatto perché quella era la prima volta che ci si incontrava a distanza cosí ravvicinata. Beaujean era in compagnia di René un altro ragazzo del nostro stesso scaglione che stava ora in un magazzino dei Lanceri a Tor di Quinto ed era siciliano e intellettuale e naturalmente perdutamente innamorato di Beaujean che un po' lo snobbava e lo smollava e dava anche appuntamenti buchi le domeniche alla spiaggia di Ostia in mezzo a tutte le maligne del Buco fra le quali la Bella Perotto, altro ragazzo transitato per Orvieto del nostro stesso scaglione, il glorioso e gayoso quarto ottanta.

La Bella Perotto era dunque questo ragazzone

piemontese di due metri con gambe affusolatissime e lunghe proprio come le sue erre e le sue esse. Aveva un faccione molto largo ma io non ricordo fosse grasso — come sosteneva sprezzantemente invece René la Baffina — benché avessimo fatto una doccia assieme, ricordo solo che era dotatissimo di cazzo, una cosa un po' anomala come ha poi confermato Beaujean che lo aveva sorpreso tutto cotto e rosolato sulla spiaggia di Ostia circondato da un tiaso di sorelle che se lo spupazzavano e se lo ungevano cinguettando leggiadre: "E guardo il cazzo dall'oblò - però ci sto òòò" e la Bella Perotto era sempre lí nuda e distesa con tutte le froce attorno e non appena visto Jean arrivare era saltato su per corrergli incontro con tutte le vele-al-vento che strillavano torna qui torna qui, ma lui niente, dritto in braccio a Beaujean a sigillare il loro nuovo incontro, ma poi il Giane si stufò di andar con lui perché non poteva starsene un attimo tranquillo con tutte quelle assatanate e manco togliersi un centimetro in piú di guardaroba che tutte volavano e sfarfallavano come indemoniate, anche dietro al casottino delle bibite.

Comunque la Bella Perotto io la ricordo ai tempi del Car perché al mattino mentre tutti i maschi granatieri si perdevano in abluzioni del cosciotto e in lavacri dell'ascella in tutto in giubilo e un tripudio del gluteo, dell'anca e del polpaccio, lui compassato e in completa souplesse si rifaceva le sopracciglia e si passava il fondotinta sull'acne spacciandolo per crema curativa. E stava sempre alle calcagna del Beaujean anche quando lo misero di Nucleo Controllo Cucina a distribuire le merende ai soldati e un giorno passò Jean senza salutarlo e questa lo rincorse per tutto il bancone del self-service strillando: "La mevvendina, tò la mevvendina" agitando in aria un paio di croissants impacchettati, con il maresciallo di controllo che faceva occhi severissimi e il tenente di picchetto che quasi svenne nel vedere questa pazza con il grembiulino biancolercio correre tra i fornelli e le marmitte sollevandolo come una sottana e sculettando come una vecchia troja.

La Bella Perotto venne dunque trasferita a Roma in compagnia di Beaujean il quale, non appena ebbe la possibilità, lo aggregò al Quartier Generale e lo spedí via perché proprio non tollerava di uscire la sera con questa a braccetto che lo sputtanava per tutto il continente militare gridando: "Me non mi volevano nell'esevcito e invece sono qui e gliel'ho messo in culo!". Be' quella sera in Corso Vittorio quando incontrai Beaujean — e soprattutto nelle serate seguenti — ebbi nettissima la sensazione che lui mi accogliesse a braccia aperte nel suo giro per liberarsi d'un colpo sia della sorellanza con la Bella Perotto sia dell'insistenza amorosa della Baffina. Cosa che puntualmente avvenne.

L'amicizia con Jean diventò allora molto piú di una solidarietà cameratesca, fu il crescere e solidificarsi di una dolce consuetudine che non si sarebbe esaurita con il termine della naja, ma che avrebbe sorvolato quei dodici mesi proiettandosi poi nella quotidianità di una sospiratissima convivenza bolognese che dura tutt'ora fra ribalderie e slanci di affettività e scazzi furiosi e musilunghi, insomma il senso di non aver vissuto quei mesi in divisa come tanti altri ragazzi dentro una parentesi e un ricordo — per cui quell'anno resterà per sempre un buco nero, una naja da morir di noja, uno svaccamento atroce, un transitare solo alla superficie degli amori e degli amici — piuttosto il senso di aver sconfitto vittoriosamente quel periodo, che sulla carta si preannunciava come blocco del cervello in paure e piagnistei e sofferenze, rilanciandolo nell'esperienza e nel fluxus della nostra vita, cosicché anche tutta questa storia che racconto con l'intenzione poi di non raccontarla piú, continua a mischiarsi e continuare nel ritmo dei nostri giorni, Baffina che proprio oggi, a distanza di un anno esatto dal congedo nostro telefona da Berlino e sarà da noi, alla casa di Via Morandi, per l'inizio del prossimo mese; e Sorriso che Jean incontra in certi localini milanesi fin troppo lanciato sulla strada della sua gayezza quando a Roma spingerlo a baciare era impresa addirittura galattica, ma poi, poi il tempo e la cura e gli effetti lo hanno fatto crescere e capire e finalmente vivere, *quando nei giardini di Augusto Imperatore ci siamo abbracciati la luna dolce è tramontata...*; e Pablito trovato sorprendentemente a Frith Street, a Soho, garzoncello scherzoso e scazzato di una bottega italiana e con lui abbiamo messo su quella stanzettina a West Kensington fra spagnolite arzille e canadesi battoni e marocchini e irlandesi e giamaicani che pareva di star sempre in mondovisione; e Miguel — dolcissimo Miguel — che verrà a trovarmi al culmine di una penosissima perdita d'identità e di senso globale e sospirerà: "soltanto dimmi che si nasce e si muore e che è tutto qui" e altro non riuscirò a proporgli che una bevuta micidiale trascinata da un bar all'altro della Via Emilia con coktails ammazzafegato nelle balere squallide della bassa e birre nelle discoteche eroirock e colpi di grazia ai buffet ingialliti delle stazioni ferroviarie e alle sei del mattino, rincasando, riuscirò finalmente a dirgli tutti quelli che hai incontrato provano ciò che tu senti dentro, però non s'ammazzano. Si tratta solo di crearsi una finzione; e Renzu che continuerà a mandarmi le sue lettere incazzatissime di odio contro tutto e tutti, università, denaro e polizia, Renzu che non ho piú rivisto...

Roma è dunque innanzitutto l'ozio delle domeniche pomeriggio in Santa Maria in Trastevere con Beaujean che stende la sua candida camicia sulla conchiglia di marmo dopo averla sciacquata nell'acqua gelida della fontana ed io che arrivo trafelato agli appuntamenti per via di certi riposini da cui non so distogliermi. Ma a Trastevere si fa anche alleanza con un gruppo di intellettuali indigeni pret-à-porter che stampano una rivistina settimanale di annunci economici e note di vita dalla capitale e con mio stupore fra questi sono addirittura certi residuati bellici della controcultura che da ragazzo vedevo come il massimo del massimo ed ora invece fanno anche un poco di pietà senza capelli e appesantiti nella pancia e nel didietro. Valentino l'ho appunto conosciuto qui in una pizza al taglio verso l'imbrunire di un sabato in cui passeggiavo senza meta dolcemente perso nella marea di turisti estivi. Nel piccolo e rovente locale dove sto mangiando un piatto di pizza ai carciofi entra un ragazzone sui trentanni, grasso e con un faccione amichevole incorniciato dalla barba riccioluta e un sorriso che è tutto un programma, largo e a occhi stretti. Ha un fascio di giornali in mano, ne porge uno, dice che devo comprarne assolutamente una copia. Chiedo di dare uno sguardo. Alla fine compro il ciclostilato, lui offre birra e si va insieme a proseguire la vendita, abile arruolato. Sul foglio romano poi scriverò alcune cose sulla vita in caserma che mi verranno praticamente estorte a casa di Max, direttore responsabile, il giorno prima di andare in tipografia. Cosí tramite il Valentino conosciamo altra gente e soprattutto alcuni simpaticissimi coetanei come Piero e Nicola e la Betty con cui si rolleranno canne mediterranee e si faranno scampagnate a Calcata, vicino Viterbo, dove alcuni hanno casa.

Calcata è un paesino in miniatura che sta su una roccia abitato prevalentemente da freaks in trasferta. Lí andremo Beaujean ed io alcune volte per toglierci di dosso l'odore militare e vivere un poco fra persone civili e non sempre fra najoni e saranno pure serate magnifiche e notti di luna licantropica e sballi ecologici e ritorni sfattissimi sul trenino delle Ferrovie Nord che ci ricondurrà a Piazzale Flaminio.

Nicola e Betty non hanno piú di un quarto di secolo, abitano insieme dietro Fontana di Trevi in un abbaino sottotetto nemmeno tanto alto visto che noi vi dovremo sempre transitare con la testa china e attenti a non versare il tè o strabattere lo stereo o trascinarci appresso il guardaroba della Betty che sta appeso in mezzo alla mansarda come un separè. Con Nico si va benissimo, lui ora lavora in una libreria, scrive romanzi polizieschi, fa lavori teatrali con la sua donna — che è attrice drammatica — e lo ritroverò miracolosamente proprio questa mattina, aprile ottantadue, in qualità di critico teatrale di un quotidiano romano e allora correrò appunto qui al tavolo per chiacchierare un poco del suo giro e di quello che è stato anche il nostro fino allo scadere dell'autunno.

Nico gentilissimo telefona poi all'ufficio del ministero dove presto servizio per annunciare prime, raduni e occasionissime culturali alle quali assolutamente non si può mancare ed è appunto da lui che vengo a sapere di un certo happening a Piazza di

Siena con stelle e pianeti del vecchio underground americano e della new wave italiana. Cosí quando arriva la fatidica sera chiedo un permessino notturno in Compagnia, salto sul cinquantadue e vado a Villa Borghese. Non fatico a ritrovare il giro, stanno tutti lí a vender sangría lungo il percorso del galoppatoio tanto che quando mi avvicino il Nico esulta e versa un bicchierino di poltiglia che par sangue di bue e ride e schiamazza, anche la Betty e gli altri cosí che capisco, il furbacchione, che son già piú di là che di qua. La storia della sangría venduta al Festival dei Poeti sarà uno dei veri avvenimenti di quell'estate romana perché dopo il successo di quei ventilitri venduti in non piú di tre ore tutto il giro non faceva che stare nelle cucine delle case a fare intrugli e miscugli e naturalmente girava per le stanze uno di quei tanfi che avrebbe fatto imbriacare duro tutto l'esercito d'Italia, uno sniffo e via. Si andava dunque a vendere agli angoli delle strade quel nostro prodotto e non c'era che l'imbarazzo della scelta, tutta Roma sembrava crepitare quell'anno di spettacoli, fuochi artificiali, circhi equestri, performances, happenings; insomma ovunque una via s'allargava in piazza, un viottolo in pratina, un campetto in uno slargo o un bagnasciuga in arenile ecco lí improvvisamente sorger le tende dei saltimbanchi, ergersi i palchi dei musicanti e tirar su le gonne alle damine. Era davvero un'aria di festa, la musica usciva dai tombini delle fogne, le piazze erano lavate con detersivi e schiume di diverso colore e soprattutto odore, gli obelischi illuminati e l'Isola Tiberina trasformata in lunapark. Con il nostro panchettino ambulante ogni sera si cambiava il luogo di stazionamento e vendita, una sera a Via Giulia, un'altra all'Isola, una terza ai SS. Apostoli, una quarta in Campo dé

Fiori e cosí via. Evitavamo soltanto Piazza Navona, troppa concorrenza e troppa polizia municipale che proprio in quei giorni trucidò sotto i nostri occhi terrorizzati una ragazza, in Santa Maria di Trastevere, lei su una cinquecento scassatissima e loro dietro, come in un film, e noi tutti lí nella distesa del bar persi nelle nostre chiacchiere sul giornale e su certi concerti celtici, scattammo in piedi attoniti e poi si fuggí giú per Via della Scala fino a raggiungere Porta Settimia e rintanarci lí in quella birreria che poi sostituí la piazza ormai definitivamente bruciata. Ma a Piazza di Siena bevevamo come matti — inizio del fallimento della nostra impresa di sangría — e facevamo gli scemi, Nico e Antò e me, e ci si divertiva parecchio a vedere quei vecchi santoni di William Burroughs e Allen Ginsberg fare i bambinetti rollando dietro al palco le canne fra fotografi impazziti dalla gioia e i giornalisti al settimo cielo e gli intellettuali romani un po' sornioni e sufficienti come dire basta basta, ancora qui? E allora io corro incontro al Burroughs scavalcando le nikon e le arriflex spianate e le braccia dei miei amici che dicevano oh no, non far la pazza, onnonnò non lo puoi far. Ma io volo verso il grande vecchio e non appena l'ho davanti faccia a faccia lo fisso negli occhi con uno sguardo intenso, uno dei migliori della mia carriera e questo qui biascica seccato un cosa voglio ,se può far qualcosa visto che sto lí a far l'indiano e dire niente, ma io lo tengo in pugno e dico guardo i tuoi occhi, voglio solo specchiarmi nei tuoi occhi e lui allora fa una smorfia trattenuta da gentiluomo galattico, una cosa appena percettibile e misuratissima e poi scandisce con la sua voce ferma in fondo lei è un romantico perché crede ancora che gli occhi siano lo specchio dell'anima, mi permetta di dirle che cosí non è, e poi arrivano gli altri che m'hanno visto in piedi mogio e taciturno e dicono pure che sono scemo, sono arrivato fin lí e non ho beccato nemmeno una firma sul decolté. Comunque si continua a star lí a Piazza di Siena in quel carosello ottimo con grandi bicchieri di alcolici e frittelle pakistane e quindi tutti ebbri e bevuti e stracannati dietro ai pini marittimi dove si va a pisciare e rollare senza soluzione di continuità, un po' braccati veramente da certi conti e baronesse con la fregola del militare che fanno occhiolini e dispettucci di bocca come fossimo marchette dei Cinquecento e noi allora li si è presi a provocare, avevo appena trovato uno del giro di Orvieto che ora sta all'Ascietta e con lui alto e bello abbiamo fatto nu poco i giggolò menando il can per l'aja, comunque una di queste prede, il conte Borsky, lo reincontreremo piú avanti molto piú che casualmente e nel suo appartamento berremo qualche drink, ma questo piú avanti nel tempo, all'inizio del nuovo anno.

Il soldato che incontro assieme a Nico ed Antò si chiama Michele ed io lo ricordo a Orvieto perché era in compagnia del mio amato e benedetto Lele e come lui originario del Trentino Alto Adige; per cui non mi lascio sfuggire l'occasione e chiedo del comune amico. Ma Miguel proprio non sa passare informazioni, come Radionaja vale un cazzo, lui sta incasinato come una belva in gabbia, ha dei problemi con un fascistissimo tenente e naturalmente non riesce a rassegnarsi. Per cui scintille e scazzi e servizi armati pesantissimi e nessuna licenza. Pare però che il maresciallo dell'armeria in cui presta servizio sia un tipo calmo e insomma nemmeno tanto sgradevole per cui ora che è di picchetto Miguel se ne può star fuori, il furiere lo copre al contrappello e "cosí al tenente glielo metto in culo visto che non ha voluto rilasciarmi il permessino".

Antò invece è di Roma, abita a Piazza Bologna e frequenta l'Accademia delle Belle Arti, anzinò un corso universitario che sembrerebbe l'Accademia ma non è, nemmeno un corso di laurea visto che è di tre anni, insomma non so bene cosa sia, ho sempre annuito ma non ho ancora capito. Con Antò sono spesso ragazze artiste molto gradevoli e sbarazzine e non già strafatte e sciamannate e trascurate come quelle della mia adolescenza; no queste sono graziose, intelligenti, docili, sottomesse e non alzano la cresta, davvero brave. Be' andrò poi a una loro esposizione molto okay, con pareti imbiancate appena appena percorse da tenuissimi tracce di pastelli e tele trattate con deliziosi ornamenti di colore, insomma una cosa tres joli. Antò viene da Piazza Bologna con un Ciao scannatissimo sul quale il suo metro e novanta di altezza sta un poco arricciato, inoltre ha una marea di capelli al vento e un occhio miope da far paura sempre serrato come in ferragosto e cosí quando transita per la piazza pare di vedere un orso Yogy che gira per il circo. Ma con Antò faremo anche lunghe confidenze di arte in un giardinetto interno di una gelateria trasteverina in cui si cercherà scampo alla calura dell'agosto, faremo chiacchiere e telefonate e intrecceremo un po' delle nostre storie finché poi improvvisamente, a settembre, lui partirà per il Battaglione addestrativo alpini Mondoví e io ne seguirò allora gli spostamenti attraverso il terminale di Dife-Esercito e mi leggerò la sua pratica top-secret e insomma sarà un modo meno forte di dirci addio, un modo da talpe infiltrate e maneggione, ma sarà cosí non ci vedremo piú, l'ultima volta il suo nome punteggiato sul foglio perforato che esce dal terminale, il suo incarico, le sue destinazioni, la sua domanda di trasferimento che viene respinta dalle mie stesse mani... Antò e Miguel fanno ben presto conoscenza anche per via dell'ulteriore canna che ha preso a girare quando ormai il galoppatoio è pressoché deserto, le luci si stanno smorzando e le nostre damigiane altro non possono offrire che un poco di frutta macerata e manco per il cazzo alcolica. Se la stanno a menare su certi complessini londinesi che alcuno di noi ha mai sentito nominare, stanno facendo ora tarda, io devo rientrare alla Macao, saran già le due di notte. Nico mi dà un passaggio sulla sua moto. Rientro quindi molto giusto, una corsa breve e veloce giú dal Pincio e attraverso i sottopassaggi arancioni e deserti e tutticurve della Nomentana fino al Castro, si sbuca davanti alla guardiola, scendo, saluto il Nico, ci diamo un appuntamento e rientro nella camerata buia e assonnata assolutamente non disperato come saranno altri ritorni in branda, ma contento ed euforico, almeno ho un letto per dormire.

Con Miguel invece non ci si vedrà per piú di un mese, a forza di menarla per via dell'ufficiale di picchetto amico suo, è rientrato quella notte dopo le tre, è stato processato su al comando, ha beccato una settimana di rigore da scontarsi con il prolungamento della ferma, è stato trasferito dall'armeria alla Compagnia d'Onore, quindi a far continue guardie all'Altare della Patria e tutti quei santini e quelle madonnine lí che han bisogno dei suoi ventanni per tirare avanti. Tutto ciò comunque si apprende a Piazza Colonna, come ho già detto il nostro terminale alternativo di Radionaja visto che le stazioni ufficiali girano tutte attorno alla vasca del Bernini a Navona e noi lí, quella piazza d'arme, la si snobba senza tanto pensarci su. Chi porta la notizia è naturalmente Beaujean che dal suo Ufficio Ordinamento tiene la Brigata Granatieri sotto controllo piú di me che sto in XX Settembre.

Quella sera della funesta notizia siamo anche con Baffina, quella dei Lanceri di Montebello, la quale è tutta scalpitante ed elettrizzata. Le chiediamo che ha, che cazzo sta a succede, poi si scopre che deve volar via per un appuntamento, che ha rimorchiato un gioiellino diciottenne alle docce nel pomeriggio e l'ha invitato a uscire con lei. Beaujean ed io ci guardiamo negli occhi strampalati. Come come? E non ce lo mostri? Non lo presenti? Non lo fai conoscere? Non lo metti sul mercato? Ah no carissimi, proprio no, dice lui che evidentemente deve avere ancora le stimmate scottanti per la storia abortita con Beaujean, a forza di appuntamenti buchi, visto che proprio non è scemo, lo ha capito, altroché se lo ha capito. E s'è comportato di conseguenza, pronto a render pan per focaccia, mica lagnarsi e piangerci su. Comunque Baffina se ne va verso la Gelateria Giolitti e noi si devia per il Pantheon, cosí, tanto per fare una breve veleggiata attorno alla colonna e veder se nella rete s'invischia un qualchè di consistente.

Non si resiste piú di tanto in mezzo a tutte quelle vele distese che par di stare a una regata, con la Vasco da Gama che ci gira attorno galeotta e tanto insistente che par debba arpionare con il rostro da un istante all'altro. Eppoi le tre caravelle che son checchine pigmee sui sedici-diciotto e girano attorno al basamento cinguettando l'hit-parade come coniglie e spruzzando nebbie di odiosissimo Christian Dior e sempre pigolano e starnazzano e slumano invidiosissime queste Longuettes che siam noi due, sempre di piú, piú in fretta giran le Nanettes, ora la Nina ora la Pinta ora la Santa Maria, grazie, prego e cosí sia. Fattosta che noi ci prende un po' a girare la testa in tutto quel vascheggimento da anatroccole e insomma finisce che ci mettiamo al caffè a sospirare ed è appunto lí, in quell'attimo di relax, che Beaujean incontra gli occhi del Tom-Tom, il dardo è scoccato, l'amore cominciato.

Il Tom-Tom è in compagnia di quattro-cinque gay dal baffo fremente e dal bicipite suadente che stanno ingurgitando un frappé alla fragolaccia guardandosi attorno come scalmanate. Avranno tutti dal quarto di secolo alla trentina, non di piú, e il Tom-Tom coi capelli cortissimi e un viso quadrato pare essere senz'altro il piú giovane. Per cui Beaujean è tutto un dar di gomito a me e chiedere sotto i baffi se quella ci starà e tutte le solfe del genere, insomma io dico che mah, ora vado al cesso, ci penso e lo saprà. E quando torno dalla suburra del caffè Pantheon loro son già lí a cicalare e stragattare tanto che penso non mi resta che una birretta alla Peroni, il tram e sognidoro. Cosí faccio bye bye e torno dentro.

Il giorno dopo il telefono del mio ufficio scotta. Chiama Beaujean per raccontare tutta la storia col Tom-Tom, che questo vive lí a due passi in Via della Scrofa all'ultimo piano di un palazzo meraviglioso e sta lí con un altro di cui non si capisce bene se ne è l'amante o il coinquilino. "Insomma succede che noi si va e quell'altro, il terzo, cioè il Dane dice dopo un po' oh devo correre a comprar le sigarette scusatemi e non è piú salito, figurati, son venuto via alle dieci e trenta per pigliar l'ultimo autobus e ancora non era rientrato, due ore e passa per un pacchetto di sigarilli? Comunque una cosa carina, un giochino niente male e Tom-Tom è bravo e simpatico fa l'architetto arredatore, una cosa cosí, guarda una casa messa di un bene ma di un bene ed è piccola però si vede che lui se ne intende, ah si. Be' io stasera ritorno, poi ti dirò."

E dopo che Beaujean ha attaccato telefona la Baffina dal suo magazzino e dice che con il nuovo è andata benissimo, cioè non si becca niente, però il nuovo acquisto s'è dimostrato caldo e affettuoso e anche ora, guarda, se n'è appena appena andato, tutta la mattina che sta qui a tenermi compagnia, d'un affettuoso che non hai idea, mi ha aiutato a stendere le lenzuola e le magliette che ste stronze si son ridotte tanto, ma tanto che paion quelle di un neonato. Be' a stasera, a Piazza Colonna.

Insomma il telefono sul mio tavolo era un continuo squillare e informarmi delle storie che in quell'estate prendevano finalmente piede fra la nostra brigata e che sarebbero culminate, almeno per me, in un terrificante febbraio-marzo che ancora mi trascino e a cui mi piace riandare in certi momenti sospesi in cui guardo da questa casa i tetti rossi di Bologna e allora chiamo il Beaujean e gli dico, dimmi come ero quando amavo l'Erik, stavo bene, stavo male? E lui che conosce il gioco "Eri stupendo, davvero sublime nel tuo amore".

Anche Roma non è piú allora una città sconosciuta e impenetrabile e tutto sommato difficile per chi non è lí per turismo ma per sbrigare benemale una pratica burocratica in sé né buona né cattiva, basta saperla usare, quanto piuttosto finalmente lo scenario per i nostri intrighi d'affetto e di sex, gli scazzi, le noie, le bevute, le confidenze sussurrate sui gradini di una chiesa o su una panchina buia in un qualche giardinetto.

Sotto il cielo di Roma, ad esempio, dalle parti dei Fori Traiani ci siamo finalmente visti con Enzino e tutto il suo giro romano durante una sua licenza. Ci si è dati appuntamento di fronte al cinema Rialto che posso raggiungere tranquillamente a piedi dalla mia Caserma. Attendo dunque sul muricciolo che costeggia Via Magna Napoli, attendo e finalmente da un Dyane azzurro vedo sbucare la chioma biondoliscia dell'Enzino che fa sorrisi e movimenti di testa eppoi mi corre incontro, ma accidenti non riesce ad attraversare, io e lui di fronte, in piedi, cercando di allungarci mani e sorrisi, ma il flusso delle auto è continuo, da una parte e dall'altra, saranno le sei e mezza di sera eppoi filobus, autobus, taxi, motorette, tutta Roma sembra risalire da Piazza Venezia, restiamo quindi cosí come due burattini l'uno di fronte all'altro finché Enzino non si getta nella mischia e fra clacson e frenate e tutuu di autobus ci raggiungiamo e ci abbracciamo, lui dice ti trovo in forma e anch'io glielo dico e il Tony e Renzu e magico Alvermann?

Abbiamo poi scavalcato quel muro e quel cancello con Bloue che s'è dimostrata ragazza perfetta, alta e slanciata e scattante, e siamo entrati nella zona archeologica, loro conoscevano il posto migliore per rollare, io li seguivo ridacchiando arrampicandomi per colonne e mura finché non si è raggiunti una terrazza ad arcate e di lí si vedeva tutta la sottostante Piazza Venezia e i fori e il Colosseo e se spingevi stretto lo sguardo in fondo anche l'Aventino e il cuppolone e la torre del Campidoglio. Cala presto la notte e i jet solcano il cielo ed Enzino si ritira con Marco a pisciare, allora dico a Bloue che il suo ragazzo è fantastico, che è davvero beata a stare insieme a lui e lei risponderà un po' storta cosicché capirò che fra i due non corre poi tutto il buonsangue che invece immaginavamo. Ma intanto questo nero prodigioso salta su e torna al cervello periodicamente come nella bocca di un ruminante e tutto ciò ci fa ridere e dire passeranno anche questi mesi in divisa, Enzino, e sarai libero come tu vuoi ma non credere che allora non sia peggio. E lui storcerà il naso, si congederà di lí a due mesi, continua a contare i giorni, li conterà e un bel giorno li finirà e allora? Allora ci si rivedrà d'inverno davanti al Cimitero del Verano e lui mi dirà di tutti i suoi progetti, che davvero è dura, ora sí, è bella ma tanto difficile. E Bloue sorriderà, bellissima Bloue dal fisico alto e slanciato e questa parlata spiritosissima sempre ghignante e un sound che era tutta una musichetta, romano proprio per niente; e il Marco con cui ci saremo già visti altre volte in Galleria a Valle Giulia e lí, dov'ero capitato per un contatto, ci saremmo salutati e chiacchierati e naturalmente lui mi avrebbe portato nella sala psichedelica del museo d'arte moderna dicendomi, questo è un luogo storico degli sballati della capitale e lí in quel buio intermittente e silenzioso che si riflette negli specchi come in un labirinto, mi sarei un po' perso ma non avrei avuto paura, ero troppo tranquillo, davvero tutto troppo maledettamente calmo.

Eppoi tutti gli altri scenari romani del nostro soggiorno in divisa: Trastevere che ritroverò già pieno di ricordi la sera avanti il nostro congedo e Via Giulia e palazzo Farnese con i suoi piedistalli su cui avrei poi finalmente baciato — ancora una notte tesa e ghiacciata come un cristallo — il mio Lele. E le passeggiate domenicali a Villa Borghese, a Villa Torlonia e gli amori intrecciati a ridosso del muricciolo di Villa Ada. Insomma anche Roma non è piú qualcosa di duro che si oppone alla nostra esistenza quotidiana, ma sempre piú un giaciglio morbido sul quale dare il via all'espandersi dei nostri nervi e dei nostri sentimenti di testa. Quindi va bene, per un po' va bene.

Sabato due agosto ottanta nella grande camerata pressoché deserta per via dei quarantotto e dei permessini di fine settimana in una penombra tiepida che trapassa la polvere delle nostre brande accatastate rendendole nemmeno poi tanto male, ma quasi gradevoli sotto gli archi e le colonnine a volta che reggono questa ex scuderia d'inizio secolo, la radio trasmette la solita colonna sonora di qualsiasi ora libera all'interno di un dormitorio e quindi discomusic, canzonette del festivalbar, sceneggiate napoletane, giochini e indovinelli con un trapasso maniacale da una stazione all'altra in un vortice di frequenze non mai stabilizzate che sono poi in definitiva il vero accompagnamento musicale di tutte quelle stesse ore. E cosí fra parole smozzicate e sfrigolii d'antenna si capta dal canale nazionale quel che è successo a Bologna. Scatto in piedi e chiedo al najone in mutande di farmi ascoltare bene, di tornare sull'edizione speciale del giornale radio. Cosí riusciamo a beccare il fatto, la stazione di Bologna è saltata, parlano di una caldaia. Arriva un casertano dagli uffici trafelatissimo, getta i vestiti sulla branda, si spoglia buttando tutto nello zaino, deve prendere un treno a Termini fra quindici minuti. Anche lui dice di questa storia, che al ministero c'è un po' di confusione ma che tutti credono in una fatalità e allora io dico che è davvero sfiga alta e massima che qualcosa si rompa proprio di sabato e per giunta d'agosto e non invece alle tre del mattino di un qualsiasi uggioso e tedioso novembre quando tutto tace ed è deserto, insomma ogni ora è quella buona per tirare i remi in barca, però accidenti. Questa è stata la mia prima pensata, cosí su due piedi. Lo ricordo benissimo perché poi sono uscito per Roma a comprare i giornali del pomeriggio e la sera, alla Galleria Colonna dove noi senzatele spesso si andava per raccattare notizie nazionali, si sono finalmente viste le immagini tremende in compagnia di una piccola folla curiosa e muta fatta soprattutto di turisti e di altri senzatele come noi. E lí appunto davanti a tutto quel sangue e quella distruzione orrenda non ci sono stati piú dubbi, certo che non poteva essere una maledetta caldaia, figuriamoci, tutta l'ala buttata giú, il sottopassaggio che per tante volte s'era percorso con la Faffy e le altre compagne di università tutto andato con quello scoppio, tutto lí che fuma nella polvere e nel sangue davanti ai nostri occhi.

Il fatto di Bologna con quelle cento e piú storie distrutte ci atterrí, erano anni insomma che non succedevano cose del genere e mai era accaduto con un potenziale cosí alto di vite falciate. Non ho parlato comunque di tutto ciò la sera con Beaujean, è troppo giovane, e non può ricordare né Piazza Fontana, né Piazza della Loggia poiché anch'io non ricordo il Vajont, solo una notizia persa lungo il cammino della mia esistenza. Mentre invece quegli altri fatti sono tutta una continua risonanza di cortei, assemblee scolastiche, scioperi e manifestazioni, sono insomma qualcosa che fa parte ormai del mio disastrato senso globale, per cui quella sera parlavo con Baffina e mi sono accorto, proprio per la presenza taciturna del Beaujean, che anche noi stiamo invecchiando, che abbiamo anche noi dei pezzi di storia tragica che abbiamo visto svolgersi ora dopo ora e continuare e svanire e sedimentarsi nel ricordo e cambiare.

Ma quella sera del due agosto ottanta è stata anche la sera in cui ho rivisto il mio Lele, lo abbiamo beccato in uno slargo di Corso Vittorio, è stato Miguel a portarmici e io, lo giuro, non potevo credere alle mie braccia che lo circondavano e gli dicevano finalmente che gioia ti abbiamo ritrovato.

È successo cosí. Con Baffina sono tutto meditabondo e pensieroso e intrippato in fumamenti di testa e di ricordo che ho già detto, Beaujean cammina al mio fianco, poi lo sento fare un urletto, dice c'è Miguel, c'è Miguel. Cosí alziamo lo sguardo e in effetti lí da Piazza Capranica vediamo Miguel che esce dalla Spaten in compagnia di un altro alto e dal viso buffo che poi impareremo si chiama Paolo. Miguel è felice di rivederci, ci abbracciamo, io dico che si avevano pessime notizie su di lui e quasi lo davamo per spacciato fra un'altana e una garitta. Ma Miguel sembra di buonumore, è finalmente riuscito a beccarsi la prima licenza dopo novantatré giorni di prigionia e domani partirà per Bolzano e non sa proprio se al momento tornerà, forse guarda caso si spezzerà un braccio cadendo da una roccia o forse sarà un incidente sulla strada senza testimoni, mah e bah. Ci presenta l'amico che è un toscano e lavora alle cucine del Cingio e pare faccia una vita malefica, sempre inseguito da marmitte e marmittoni. Paolo è anch'egli di leva per cui ha diciannovanni, e abita dalle parti di Montevarchi, è accanito di new-wave che in quel tempo era sicuramente il massimo del massimo. Ha con sé alcune rivistine musicali e il Siddartha di Hermann Hesse, fa grandi sorrisi di bocca, stringe gli occhi che diventano piccoli piccoli e quasi un segnetto nero perso nel volto. Ha enormi sopracciglie un po' tozze che Beaujean con tutto il suo aristocratico fairplay dice assomigliare al suo coker, sí davvero ma ti dico che sono identiche!

Loro comunque si aggregano al nostro terzetto. Si parla del fatto di Bologna, Miguel è già informatissimo e con lui proseguo il discorso iniziato con Baffina. A un certo punto, e saremo quasi davanti al Caffè Eustachi per il cappuccino serale di Beaujean, scatta qualcosa in me. Vado dal Pablito e gli chiedo se conosce un certo Lele visto che dovrebbero stare nella stessa compagnia. Pablito serra gli occhi, dice oh, certo s'era insieme ad Orvieto, stesso scaglione e tu? Certo certo, ma come sta, che fa, dov'è? Radionaja trasmette e informa. "Lele ha dovuto fare un campo estivo fra i monti di Rieti, la Compagnia è tornata una settimana fa o poco piú. Quindi ha preso una licenza, è tornato stamane, l'ho visto in Compagnia addirittura abbronzato, di sera solitamente esce solo, non so quel che faccia, molti cineclubs questo sí, ha poca lira come tutti, credo gli piaccia star solo. Sempre per via di quella donna, gli deve aver bevuto il cazzo fino in fondo". Ok, lo interrompo, so la storia, lo conosco, ma come fare a incontrarlo? Miguel che ha seguito il discorso dice di fare un salto a mangiare dalla Parmigiana che sarebbe un postaccio terribile fra Corso Vittorio e Campo de' Fiori in cui si cacciano duemilacinque senza vino per un piatto di pasta e un secondo, quindi si può fare. Dalla Parmigiana è una fila di almeno sei-otto persone che attendono di poter sedere ai tavoli lerci e ingozzarsi di quel poco che il convento smista direttamente dalla cucina. Infatti il ristorantino funziona come una sorta di self-service, bisogna apparecchiarsi il tavolo, ordinare alla cuoca, la Parmigiana incazzosissima, e poi attendere che lei gridi dai fornelli il piatto pronto. Allora bisogna correre e far presto poiché se le si fa aprire il becco per due volte è solo per lanciare insulti e sbatterti addosso le pietanze. Comunque qui verremo parecchie volte a sbarazzarci degli obblighi di pancia e conosceremo poco a poco anche la fauna dei clienti fissi, alcuni stranieri, tre seminaristi uruguayani che altro non fanno che farci l'occhiolino e che Beaujean oggi dice essere ormai spretati, qualche freak sopravvissuto, qualche sbandato senzatetto o alcolizzato cronico. Comunque noi cinque si sceglie un tavolo e guardacaso non appena ci si siede risale dalla toilette un bel ragazzo che non si fatica ad identificare per il glorioso Lele.

Pare dunque ancor piú bello il mio Lele, a viso aperto, con gli occhi liquidi liquidi e lievemente arrossati dall'alcool, un grande sorriso che mi abbraccia tutto, le sue grandi braccia, la sua mano che si serra nella mia. Lo invito a restare con noi, dice volentieri, ma prima saluto gli altri con cui ho cenato, ti dispiace?

Eccolo di nuovo qui il grandedio che chiacchiera disteso della sua licenza bolzanina e di quello che ha passato in questi tre mesi in cui non ci si è piú visti né sentiti. Gli dico delle mie ricerche, lui che di me aveva avuto notizie da un certo caporale capitato giú per una parata, ma non lo lascio continuare, gli prendo le dita e le bacio. Beaujean e Baffina sono tutto un occhio e tutto un gomito fremente per sapere chi è quel figone alto due metri e cosí sexy che manda tutta una elettricità per la sala che par di stare all'Enel, ma io non faccio confidenze e non mi smollo. Usciamo poi mezzi imbriachi, Miguel ha rollato un joint micidiale e lo accende proprio lí per via dei Pettinari verso Ponte Sisto. Sul lungotevere ci svacchiamo come brave sorelle, Baffina attacca Beaujean con tutta una solfa del perché mi hai mandato a Fiumicino, se non mi volevi vedere ti bastava farmi andare alla Magliana, no? E Miguel e Pablito che ascoltano la radio distesi sul muricciolo ed io poco piú in là che abbraccio e bacio il collo del mio Lele e gli dico che questa è una serata fantastica, davvero ottima, ci siamo ritrovati e questo basterà, perdio se basterà. E Lele sarà quella sera molto disponibile e sinuoso e molle addirittura nei suoi spostamenti di labbra, riderà moltissimo, chiederà insistentemente di lasciarlo un attimo, di dargli tregua, che queste cose non le ha mai fatte e santocielo almeno un po' di tempo, ma riderò anch'io e gli dirò avremo tempo mio caro, tutto quel che vuoi.

Ricado cosí in una passione travolgente, non faccio che telefonare a Beaujean tre-quattro-cinque volte al giorno per dirgli quello che mi sento dentro e che mi travolge tutto, sono sempre lí attaccato al telefono del corridoio della VIII Divisione anche perché beccare il numero del centralino della Brigata è impresa ardua, ognivolta almeno dieci-quindici tentativi eppoi una volta ottenuta la comunicazione chiedo l'interno centoventi e finalmente Beaujean, se non è imboscato alle docce o al bar, mi risponde. Insomma quando termino le mie lamentazioni di sex di solito ho una coda alle spalle di qualche colonnello o tenente o maggiore che dicono niente, ma che occhiatacce! Però che ci posso fare se tutto il giorno e la notte e anche se dormo o se sto sveglio, se cammino se passeggio se mi sbronzo la mia testa corre sempre al corpo di Lele, alla sua parlata a quel suo modo dinoccolato di muoversi e camminare, alle sue cosce distese e lucide nel sole di una domenica ferragostina a Villa Borghese, lui in ridottissimo costume da bagno disteso su un telo, Beaujean in invisibili shorts di jeans ed io ferocemente attaccato alle mie scarpe, calzini, camiciole, jeans pesantissimi, sudato, stravolto, ma perdio se faccio tanto di togliermi anche un solo fazzoletto di tasca avrei un'erezione da qui a Katmandú, mi sentirei già nudo e liberato e azzannerei quel collo di Lele che mi fa impazzire e mi ficcherei intero nella sua grande bocca e insomma meglio star qui serrato dentro l'armatura che correre quel rischio, meglio godere per il momento solo con lo sguardo, lasciarlo scivolare sul corpo rosso di Lele che si arrotola nel sole come un serpente, movimenti impercettibili della sua pelle, fremiti di muscoli che come onde di risonanza si ripercuotono dal tallone su fino al gluteo... Meravigliosa domenica di ferragosto dunque in una Roma naturalmente deserta percorsa solo da qualche troupe di cinematografari e da qualche brigata di najoni e di turisti stranieri e dalle mille e una vibrazioni del mio amore che irradio dall'alto di Piazza del Popolo come un'antenna selvaggia.

L'estate con Lele dunque sono soprattutto i nostri appuntamenti alla vasca di Piazza Colonna e le camminate fino a Trastevere per cenare in una qualche birreria o pizzeria, noi sempre in otto-dieci poiché la fama del nostro giro godereccio si spande nelle caserme, si dilata fra i vapori delle docce, si propaganda da sé in quelle passeggiate notturne a Monte Caprino o nelle veleggiate al Pantheon. Io faccio coppia fissa con Lele e con lui giriamo sempre avvinghiati e abbracciati, di solito Lele infila l'indice destro nel passante della mia cintura ed io la mano nella sua tasca sinistra e spesso ci ritroviamo cosí aderenti nell'andatura, cosí armoniosi nei nostri quasi due metri di altezza che mi pare di dominare tutta questa folla nana di Roma che striscia ai nostri piedi, che urla, che stragatta, che romba e pena e sbraita e noi invece che passeggiamo olimpici sull'onda delle nostre serafiche stature e spesso allora riesco persino ad appoggiare la testa nell'incavo del collo di Lele e mi sento in un giaciglio caldo e odoroso e sto bene, allora sto bene.

Beaujean, che ha lasciato la storiella col Tom-Tom tramutandola in serena amicizia e in cenettine riposanti del sabato notte prima di inabissarsi nelle follie ballerine di Via della Purificazione, Beaujean dunque si rimorchia un paio di ragazzi dalla sua compagnia, uno di questi Vincenzo lo ha arpionato in modo sublime. Succede insomma che lui esce dalle docce ogni giorno stretto nel suo accappatoio rosso fuoco e sciabattando e zoccolando si fa per traverso tutta la piazza d'armi per poter raggiungere la sua compagnia, passando in rassegna naturalmente la Compagnia d'onore che è lí sul selciato a marcire di marce, anche il Miguel, che infatti un giorno ha riferito che Beaujean è sputtanatissimo in caserma perché marca come una vecchiatroja e io gli ho risposto figurati, ma se è sempre cosí misurato, proprio non ci credo. E invece Miguel racconta tutta la solfa di Pitti-uomo con Beaujean che dopo il contrappello indossa tutte le divise militari comprese quelle della parata storica e corre per tutto il corridoio di compagnia dicendo ecco signori il completo invernale, cappottino stile coloniale color kaki e alamari rosso carminio argentati, ecco lo stile estivo camicina e pettorina verdegrigia e calzoncini in gabardine antipioggia, cinturina in corda intrecciata, ecco lo stile primaverile primosole... e tutti a batter le mani e gridare e farsi in quattro per aiutarlo a prepararsi mentre la bolgia acclama e scalpita tanto che dopo un po' tutti sfilavano per il corridoio come mannequin, con i soliti najoni senza misura che tutti nudi si mettono il cazzo fra le cosce e cosí pare anche che tutto il reggimento sia d'improvviso passato giú di là per Casablanca... Insomma da quella volta lí ho dovuto dar ragione al Miguel, non mi è costato fatica, infatti ridevo come un matto nel vedermi Jean sfilare davanti a tutti quei repressi che si saran menati il cazzo per mesi e mesi pensando al suo fisico superbo, sedotti a vita dalla sua allure... Beaujean quindi attraversa il piazzale in tutto un giubilo di fischi e bbona e divina da non riferire e si accorge di un tizietto che lo marca sfacciatamente. Con questo poi si vedranno ai giardinetti dietro al posto di guardia e faranno alcune cosucce innominabili col rischio di essere sorpresi da una ronda di notte e finir tutti non di certo in gattabuia ma piuttosto in un'orgia colossale. Ma è andata bene e lui s'è rimorchiato questo Vincent di Pescara che è tutto un bigliettino d'amore e una strofa di passione, insomma innamorato marcio e sfranto.

C'è inoltre la Baffina col suo bel Maurice che è quel famoso rimorchiato alle docce dei Lanceri, anche lui giovanissimo con occhioni blu scuri e i capelli crespi e neri e un viso molto affusolato e antico nei lineamenti e un corpo lungo e stretto da adolescente e una statura non troppo elevata, appena un metro e ottantasette, due centimetri in piú del quoziente minimo per poter far parte della nostra società. Maurizio ride sempre, fa il pittore, ha terminato lo scorso anno il liceo artistico, è di Arona sul Lago Maggiore e guarda caso è il piú anziano di tutti noi, dal punto di vista di scaglione naturalmente. La storia del suo rimorchiamento alle docce sarà davvero un classico dei nostri pettegolezzi, pare che Baffina sia andata in quel posticino in orario deserto, verso le tre del pomeriggio e abbia visto Maurizio farsi una doccia un poco malandrina, insomma farsi una pippa nell'acqua bollente. Baffina gli si è messa dietro e gli ha detto che aveva un culotto stupendo, cosí bianco in confronto all'abbronzatura generale e lui ha sorriso, Miss Sorriso, e ha detto che era merito del sole di Ostia. Figuratevi, da lí al Buco il gioco è fatto. Se lo è trascinato la sera al Giolitti, hanno parlato e sono diventati amici e Radionaja spettegola che questo baci benissimo, ma faccia solo quello, non gli tira e non lo prende, va be' accontentiamoci. C'è inoltre Luigio da Forlí che è stato portato nel giro da Sorriso visto che dormono nella stessa camerata. È un ragazzone di ventitré anni molto americano nell'aspetto, ipernutrito, con la mascella larga e un po' cadente, i denti piccoli e aguzzi, le labbra carnose, le spalle imbottite. Pare sia un campione di nuoto o qualcosa di simile, ad esser sincero l'espressione ebete da pesce ce l'ha proprio tutta, certo però che è pederasta, insomma se la fa coi ragazzini massimo tredicenni. Il Pedé non è simpatico a nessuno non certo per via dei suoi gusti — che sono certo prelibati — quanto piuttosto perché insiste nel dire che lui non fa le cose con i suoi amichetti del corso "Nuoto e Tuffi", ma li ama, semplicemente li ama. E tutti noi a dire ok, questo va bene però spiegati meglio. E lui a fare tutta una menata che i suoi allievi li lava e li pulisce e li bracca e li asciuga e li insapona però niente di piú, se ha da scopare va con una donna perché di certo lui non è omozezzuale, non lo è mai stato e non lo sarà mai. Cominciamo a capir piú niente, insomma dannato di un Luigio vieni al dunque! E lui, be' io faccio solo cose pulite, capite io mi sento una cosa pulita dentro quando amo i miei ragazzini, una cosa bella e limpida che niente ha a che vedere con i froci o quelle cose lí, infatti prima di me c'era un altro istruttore e tutti sapevano che era cosí, insomma una culana, e questo proprio andava sul duro e infatti ci odiavamo alla follia, poi l'hanno beccato con i minorenni in casa per un'orgia e credo che sta ancora dentro, però sulle prime nessuno ci credeva, i ragazzini tornavano a casa e dicevano mamma, mamma l'istruttore fa il culano e le mamme giú botte, chi ti ha insegnato a parlar cosí male? Insomma i ragazzini si erano stufati perché non solo lo prendevano per il di là, ma pure a casa se dicevano cari genitori quel signore lí ci fa fare strane cose, e non potevano dir di piú visto che il finocchio era rispettatissimo e al di sopra di ogni sospetto. Be' poi ci si è messo in mezzo il prete che sentiva tutte queste solfe dai bambinetti e ha organizzato tutto con il maresciallo e cose cosí, insomma quello credo stia ancora dentro. Però io queste cose non le faccio, io sono pulito, mica come voi che siete froci.

Il pedé diceva sempre queste storie e noi non se ne poteva proprio piú finché una volta che era stonato di fumo racconta che poi a questi ragazzini qualcosa faceva e non solo succhiotti per di là ma pure fotografie e robe cosí tanto che Beaujean era inorridito e girava quella sera per Roma dicendo, mio figlio non glielo do a lui lí proprio no, nemmeno per un'ora glielo darei. Ma il Pedé per fortuna veniva con noi sempre meno, preferiva battere il Lunapark dell'Eur e smistare figurine con i bambinetti di Tor di Quinto che lo attendevano quando usciva dalla caserma saltandogli al collo come tanti scimpanzè.

Ci sono inoltre Miguel e Pablito e un terzo cuciniere molto punk che porta l'orecchino solo durante le libere, ma per i miei gusti è troppo etero, davvero troppo. Insomma il nostro giro di consorelle della patria comincia in quel periodo ad allargarsi a macchia d'olio, le storie si intrecciano, arriveranno sempre nuove prede e noi ci divertiremo. Il senso di trovarsi in un continente spensierato di chire arzille.

Le nostre tavolate sono quindi sempre allegre e vocianti, canne che girano senza soluzione di continuità e litri e litri di birra che in quell'estate mandavo giú in quantità di piú di tre a sera e intrecci veramente pazzeschi di piedini e ginocchietti sotto ai tavoli delle trattorie. Beaujean continuava ad essere insoddisfatto delle sue storie e forse era un poco dispiaciuto che io me la filassi tanto bene col mio Lele mettendolo un po' in disparte, ma il Giane fu molto carino quell'estate, si metterà da parte in nome della nostra amicizia riservandosi però in seguito di scoccare il dardo fatale che mi aprirà finalmente gli occhi sulla natura del mio innamoramento per il Grandelele. Ma chi non si mette da parte è il nuovo acquisto di Baffina, Miss Sorriso, che sluma al mio indirizzo in modo del tutto inequivocabile. Ma non posso avere tempo per lui, sono troppo fino in fondo bevuto dalla mia storia ritrovata. Cosí una sera dico a Lele che mi son stancato del casino della truppa e che vorrei fare con lui una cenettina a due come ai tempi dell'Orvietnam, è arrivata lira da casa e non ci saranno problemi di sorta. Cosí disertiamo l'appuntamento di Piazza Colonna, gli altri andranno — come dirà Beaujean al telefono l'indomani — in un'osteria in fondo a Governo Vecchio che verrà detta La Vecchina e in cui sverneremo non appena le piogge fredde dell'autunno renderanno impraticabili i rendez-vous attorno alla fontana di Piazza Colonna. Con il mio Lele andiamo invece in una trattoria toscana, ho voglia di trattarmi bene e soprattutto di farlo star bene. Chiacchieriamo quindi moltissimo di cinema tedesco che a quel tempo piaceva tantissimo e chiacchieriamo un po' delle nostre storie, e quando siamo un po' bevuti gli prendo un ginocchio sotto al tavolo e gli dico che ho voglia di far l'amore che non ne posso piú e che ho voglia di schizzare finalmente con lui verso le stelle. E Lele sonnecchia e dice che queste cose non le sente, che è affezionatissimo a me, che non potrebbe farne a meno, che in fondo anche se a modo suo mi ama, ma... E allora io gli dico che questo mi disastra tutto e mi fa sentire un po' sfasato perché se io sento qualcosa di forte e di grande e di eccezionale penso sempre che anche lui senta cosí, insomma che ci sia un accordo in quello che passa per il cazzo e per i nervi, però se tu dici questo io non so piú, credevo fosse solo una questione di tempo e il tempo amore mio te l'ho lasciato. Ma Lele sorride e mi prende le mani lí sul tavolo e dice quasi quasi ora qui io ti bacerei fino in fondo alla tua gola ed io arrossirò e dirò merda con me la spunterai sempre tu.

Quella sera usciamo poi dalla trattoria ancora abbracciati come nei giorni addietro, ma ho una consapevolezza in piú, un fremito diverso che serpeggerà dentro anche quando ci lasceremo a Piazza San Silvestro davanti all'autobus sessantuno che odierò a morte, certo che l'odierò, mi toglierà sempre i miei amici sul piú bello. Succederà quindi a Firenze durante una mia licenza trascorsa lí nella bellacasa di Filippo, ospite suo per quel pugno di notti in cui continueremo a ragionar dell'amor disperato e ripudiato, io che dirò sto troppo male, quasi non me ne rendo conto ma sempre finisce tutto cosí, io che sto malissimo perché sono innamorato e l'altro che sta ancor peggio perché non in grado di reggere tutto il peso del mio affetto. E Filippo dirà: "Perché tu ti perdi nel tuo amore, ti abbandoni nel tuo amore quando invece anche un bambino sa che egli è una macchina diversa da sua madre e che quindi non potrà mai piú raggiungerla in pienezza e completezza e invece tu vuoi completamente perderti nelle braccia dei tuoi amanti, dimenticarti, innestarti su di una storia meravigliosa proprio perché non tua. Ma noi siamo macchine e l'unico modo per non soffrire dell'amore è lasciare che le storie ti sfiorino, ti accarezzino, ti penetrino quel minimo che è possibile. Non puoi voler di piú. È impossibile voler di piú. Devi lasciarti solamente sfiorare dal tuo amore, se fai tanto di alimentarlo bruci, come stai bruciando ora." E tornando a Roma di notte avrei pensato per tutto il tempo del viaggio, nella silenziosa carrozza dondolante, alle mani tese e aperte di Filippo che si accarezzavano l'una sull'altra, si sfioravano e ognuna procedeva poi nella sua direzione per poi tornare a sfiorarsi e congiungersi e toccarsi come nel gesto di una preghiera sacra, avrei dovuto essere cosí, ma sapevo che non ce l'avrei mai fatta.

E il giorno dopo la quotidiana chiacchierata al telefono con l'Ascietta — interrotta solo da un vocione che dice: "Belle signore dobbiamo prendere la linea, ci scusino tanto!" — io che racconto a Beaujean quel che non è successo e lui che sparla invece della serata in osteria e della Baffina che non tiene mai le mani a posto, la benedetta siciliana. La sera stessa mi rivedo con Beaujean mezz'ora prima dell'appuntamento solito, ore diciannove Piazza Colonna, e possiamo cosí parlare tranquillamente di ciò che mi sta travolgendo. Dico che forse se la cosa continua cosí io morirò, starò di merda, forse farei bene a prendermi una licenza, star via qualche giorno e lasciargli un po' di libertà. E Beaujean dice che forse questa è soluzione ottima adattissima e mentre io faccio il proponimento di non veder piú Lele, lui, il maledetto, arriva da dietro, mi copre gli occhi e mi bacia sul collo, proprio dietro l'orecchio, ci riallacciamo e ci dirigiamo fischiettanti dalla Vecchina, Beaujean scuote la testa e non mi parlerà per il resto della serata.

Settembre ottobre sono dunque queste libere uscite dietro Piazza Navona nelle osterie che smistano un vinaccio giallino giallino, io che invece preferisco la birra fossanche quell'amara e gasatissima del Bibo's. Ma sono anche serate in cui la nostra ghenga comincia ad allentarsi, in cui girare in otto-dieci sfegatati per Roma non diverte poi piú di tanto, insomma la ricerca inconsapevole di equilibri nuovi.

Comunque gli itinerari sono piú o meno gli stessi e dal Pantheon benemale si continua a dover transitare. Ed è appunto lí che una sera di settembre troviamo il vecchio giro di Trastevere appena reduce dalle vacanze in Grecia e con loro sono naturalmente il Nico, la Betty e un certo francese trentunenne di nome Bertrand che ha una Rover 2000 bianca e bellissima e pare faccia il regista teatrale. Naturalmente ci fermano e ci invitano poi sulla terrazza del Betrand per una cena fredda, figuratevi se resistiamo. Lí dal Bertrand è tutta una Roma luminosa che pare un presepio, una brezza gradevole e panini e un poco di formaggi e insalate che spariscono non appena arriva il plotone di noi soldati. Bertrand pare abbia il pallino di Miguel, non fa che arpionarlo e tenerlo all'amo, chiacchiera, lo porta in giro per la casa, racconta e lo invita per il week-end a Capri. Miguel rigidissimo nonostante le canne declina e prende a star male tanto che poi si deve lasciare la bella casa perché la festa improvvisamente pare tutta un piangerai. Ce ne andiamo dunque recuperando Lele con ancora in bocca un dolcetto e un altro in mano e quando siam lí per Via Ripetta Miguel fa tutta una tirata che di finocchi è stanco, che con degli uomini è costretto a stare tutto il giorno e tutta la notte, che se continua cosí diventa busona pure lei, no lui, e questo non lo vuole, insomma se ne torna alla caserma e non lo si vedrà per un bel po'.

La storia del Miguel non ci ha sconvolti piú di tanto però è senz'altro il segno che qualcosa sta cambiando, che non basta volerci bene e rispettarci nelle nostre storie, che insomma siano due mondi un poco differenti e cosí è la vita, se quello ha la perversa voglia della figa che ci possiamo fare noi?

Con Lele alla fermata del sessantuno ci diciamo che forse è meglio non vedersi per un po', che me ne andrò in licenza, che non ho problemi ma solo stanchezza e quindi mi riposerò e quando ci si rivedrà sarà come ricominciare una nuova volta e forse allora sarà la volta buona.

La licenza la faccio col Jean e me ne vado su alla sua cascina longobarda senza nemmeno avvertire i miei quando passo per Reggio Emilia. E lí ci distendiamo, andiamo al Garda, in discoteca al Carnaby, facciamo grandi passeggiate sulla riva dell'Oglio, fra Brescia e Cremona. Torno a Roma e mi precipito a Piazza Colonna per le diciannove. Con mia grande sorpresa c'è solo Maurizio. Un segno del destino.

Sorriso è davvero una granpupa. Questo non me lo toglierà mai nessuno dalla testa. Non solo la storia di essere stato rimorchiato alle docce la dice già lunga sul fatto suo, ma soprattutto quei tic che non possono esser trattenuti dal suo carattere, né repressi dai modi, né rigurgitati dalle parvenze mi confermano quel che già io so. Come qualcosa che sboccia nonostante l'aridità, qualcosa che vibra nell'aria nonostante la bonaccia, qualcosa inciso nel suo proprio sangue Maurice è dei nostri, dica quel che dica, ma sarà dei nostri, lo giuro.

Sicuro del fatto mio, cosí limpidamente certo delle mie antenne e del fiuto della mia razza commetto il primo grande errore. Faccio tutto troppo facile. Dico questa ci sta, è figa a non finire, è invaghita di me, me la trascino a Villa Borghese, me la faccio e cosí sia. E invece con Maurizio inizierà mio malgrado una lunghissima storia che mi farà soffrire e quasi dar di matto una notte all'Amnesie di Milano quando ci rivedremo a un anno da quel nostro congedo e se anche vincerò, anche se mi potrò dire avevo visto giusto, non mi ero sbagliato, anche se correrò alle cinque del mattino a telefonare a Palermo e svegliare la Baffina per farle la spiata, io piangerò completamente ubriaco sulla spalla nuda di Myriam e le dirò: "Quel ragazzo mi ha preso per il culo un anno intero, ha mentito per dieci lunghi mesi e come potrei far finta di niente? È solo una rivincita che mi prendo, quando invece ho perduto su tutto il fronte". E Myriam farà allora un caffè leggerissimo nella casa insonne di Piazza Napoli e ce lo berremo piano piano quasi al buio, solo il corpo nudo di Maurice tagliato nella luce gialla dell'altra stanza che dorme sul letto disfatto. Ma quella prima sera romana tête-a-tête con Miss Sorriso io continuavo a dirmi che sarebbe stata cosa facile e cosa svelta per cui non stiamo ad aspettare gli altri e andiamo in trattoria. E lí lui mi racconta di tutte le cose che può raccontare un imberbe appena uscito dal liceo, i suoi amori, le sue furie artistiche, le sue giornate inconcludenti, l'attesa verso la vita, diventerò qualcuno o no, sarà poi vero quel che mi sento, non sarà che poi di fronte a questo spiazzamento dell'esistenza che ruota e ruota non mi troverò fallito con un lavoro di merda e allora che sarà di tutte le mie illusioni? Come posso fare, aiutami a capire quel che sono e che diventerò, qual è la maniera giusta per impararsi da se stessi? Magiche ingenuità del mio Maurice che mi stenderanno anche quella sera bevutissima davanti ai suoi occhioni blu e lui sarà bravissimo a driblare le mie insistenze amorose, davvero consumato. Cosí giorno dopo giorno mi ritrovo incatenato a una seconda storia che inizia a prendermi sempre di piú, telefono costantemente ai Lanceri di Montebello, riannodo il contatto Baffina, voglio da lei saper tutto di Maurice, che fa, come si comporta in caserma se si fa seghe coi giornalini porno, se ha un particolare amico, cosa dice in camerata. Voglio un dossier. Dal ministero telefono alla caserma di Tor di Quinto esigendo un rapporto completo. E che nessuno osi discutere!

Ma Baffina dice di smollarla lí che lei ci ha già provato e quello non ci sta, manco per il cazzo che ci sta. Beaujean dice di tirare i remi in barca, quello stupidotto non mi merita ed io è ora che la finisca di star dietro a tutti questi gigolo che altro non fanno che sfruttarmi e sempre spillarmi i soldi dalle tasche nemmeno tu fossi l'Agakan ostia! Ma non lo vedi, non lo capisci imbecille che quel pirlotto del Lele ti sfrutta? Come puoi non accorgerti di ciò che è evidente e lampante e disteso sotto il sole? Litigherò con Jean quella sera a Piazza Colonna, gli prenderò la testa e gliela immergerò nell'acqua gelida e dovrà intervenire un vigilantes di Palazzo Chigi a separarci, con i nostri urletti isterici e i pugni e i calci abbiamo attirato l'attenzione di tutto il Corso, io continuavo a gridare col labbro spezzato che Lele era il mio amore e lui, Beaujean, solo invidioso e inviperito se a me le storie non si fermavano con una scopatina malandrina, anzi. E lui a darmi del matto e gridare che non ho capito un cazzo di niente della vita e son sempre in giro a chieder spiegazioni e filosofie e sempre sempre sospirare come un dio del vento che se si ferma per un attimo lo sfrigolamento d'aria attorno divento un morto. Ma mentre siamo lí arriva Lele, arrivano gli altri, anche il Pedé che si prende un bel cazzotto in pancia e chiedono che succede. Io prendo Lele per le spalle e gli dico vieni andiamocene a bere qualcosa e lasciamoli lí e allora ci rifugiamo in una birreria di Via del Babbuino fuori dai nostri consueti giramenti romani, e lí nella *cave* io dico ordina pure tu, per me birra e qualcosina che non costi troppo, dobbiamo stare nelle diecimilalire, non ho di piú. E vado al cesso a bagnarmi e riassettarmi e quando torno al tavolo c'è Lele l'amatissimo che si spupazza un goulasch della madonna con patate al cartoccio e un buon litro di birra rossa e io lí sul tavolo due wurstel rinsecchiti senza nemmeno crauti, solo una cacatina di mostarda gialla e lercia. E allora dico niente, mangio bevo e dico niente e mi guardo il mio Lele che mangia e ingurgita e non ho la forza di pensare niente. Cosí pago il conto e non appena fuori gli dico che io lo amo, che lo amo alla follia, ma lui deve decidersi o sta con me, o mi accetta nel suo corpo o niente, preferisco non vederlo piú. Lele sembrerà cadere dalle nuvole, dirà qualche frase smozzicata, che mi vuol bene eccetera eccetera. E io gli rispondo che non le voglio piú sapere queste cose, non ho piú soldi e maledico la miseria magra e porca e sono stanco, stanco e mi sembra quasi che tutti vi prendiate gioco di me e se anche sono stato bene che di piú non avrei potuto, ecco, ora dico che anche questo deve finire, preferisco ritirarmi e stare un po' da solo che ad essere sincero dai tempi di quelle passeggiate per la rupe non lo sono stato piú. E Lele allora saluta, lo accompagno al sessantuno, poi prima che ci lasciamo lo faccio inciampare nei suoi piedi e lo trascino in un portone, gli butto le braccia al collo e ci baciamo, bravissimo Lele che bacia stupendamente e che mi struscia con la sua lingua morbida per tutto il volto, che mi avvinghia nel suo odore ma che presto si interrompe. Gli dico addio. Lo ricambia. Ci siamo salutati davvero in fretta. Ho appena fatto in tempo ad allungargli di nascosto nella tasca venticarte.

Comincio allora a guardarmi attorno con interesse, una prima volta, in caserma e nel mio ufficio al ministero. La Macao non mi piace, i soldati che circolano sono tutti mezzi gobbi e storpi e nella quasi totalità meridionali, il che non è un difetto, sia chiaro, solo un cromosoma diversificato. Il mio compagno di branda è un casertano giovincello ma scafato con il viso aguzzo e i denti accavallati in modo impressionante. Ha occhi chiarissimi e miopi, è abbastanza alto e tornito. Ha una parlata addirittura incomprensibile ma il piú delle volte lo fa apposta a tirare quel dialetto per mostrarmi la sua superiorità di ragazzo del Sud che sa far tutto, si destreggia con tutto, non piange assolutamente miseria e soprattutto non ha bisogno della mia compassione di imbranato figlio di mamma del nord. Lui mi ha abbordato non piú di due giorni dopo il mio arrivo alla Macao. Dormivo su di un letto singolo, vicino alle finestre e lui aveva il postobranda superiore libero. Un giorno arriva lí che sono strafatto di roba come un baccalà e dice che sono le due di notte, il contrappello è passato già da un po' e quindi farei meglio a spogliarmi e mettermi a nanna. Credo di averlo ringraziato con un mugugno incomprensibile, dopotutto, benché vestito, stavo dormendo. Il giorno dopo dice perentorio di mettermi sopra al suo posto, dice che stanno arrivando i nuovi da Macomer e non vuole finire con un cuciniere condannato a destarsi ogni mattina alle cinque e quindi disturbare con tutto il trictrac dell'armadietto e delle catene e dei lucchetti. Cosí cambio armadietto e da allora inizia quella convivenza scazzatissima che durerà fino al suo congedo, uno scaglione avanti al mio. Fra noi è di continuo un litigio. Lui non sopporta che io rientri tardi la notte con i miei permessini falsificati e faccia dunque casino nel coricarmi. Insiste perché vuole che prepari il letto prima della libera uscita cosí non sentirebbe i cigolii maledetti di me che srotolo le coperte e che lo tengo desto. Seguirò il suo consiglio per non piú di un paio di volte, non mi va di cedere immediatamente ai suoi tiramenti cosí che il giorno dopo son da parte sua musilunghi e sfuriate in dialetto con tutta la sua brigata casertana che ride e schiamazza al mio indirizzo.

Stani mi ha sempre chiamato il Maeshtro e sta sempre a fare tiritere sul Maeshtro qui e Maeshtro là che crede di capire tutto e non sa fare un cazzo. Ogni mia distrazione è un punto a suo vantaggio. In quell'autunno piovoso e annacquato ad esempio, quando rientravo alle quattordici dall'ufficio completamente fradicio, lasciavo distesi sui termosifoni i vestiti e gli asciugamani invece che riporli sottochiave nell'armadietto e inzaccherare tutto quanto. Naturalmente cosí facendo ho perduto il corredo un paio di volte finché un giorno non gliel'ho fatta piú e ho starnazzato davanti a tutta la camerata che io ero una principessa e se loro erano ladri burini cosí alla fame e alla miseria da aver addirittura bisogno dei miei asciugamani, dei miei calzini e delle mie mutande, facessero pure ecco l'armadietto, prendete o gentaglia, non son figlio di questa lercia roba e cosí facendo ho schiavato la mia antina e buttato tutto in terra camicie e magliette verdi e pigiama militare e baschi e cappelli, tutto, proprio tutto e insomma non me lo aspettavo, ma come topi dalla fogna son saltati fuori gli armieri e i cucinieri pezzenti e quegli altri lerci e han preso tutto, una scena da far paura, piú io gettavo roba piú arrivava gente a prenderla e a litigarsela, quando io insomma credevo di aver fatto una gran recita e che tutto mi fosse restituito. Cosí mi son gettato in branda, il Compà mi è venuto vicino tirando dalla mia pipa e ha detto in una nuvola di fumo che proprio non capisco un cazzo, che sono una tacca, che valgo una sega di niente e io gli ho risposto che è vero, che proprio ha ragione lui.

Compà Stani ha recuperato nel giro di una notte

tutto quanto mi era stato rubato in quei tre-quattro mesi, ha detto ammira la potenza dei terroni, ammira e statte zitto. Da allora ho avuto molta piú fiducia in lui, gli ho consegnato il doppione delle mie chiavi dello zaino e dell'armadietto perché spesso, strafatto com'ero, le perdevo o, quel che peggio, le lasciavo nel cassetto di latta dopo aver fatto scattare il lucchetto. Cosí poi dovevo correre ai suoi piedi e recitare prima tutta la lagna che lui è essere superiore e perfettissimo e dopo farmi riaprire l'antina.

Benché giovanissimo il perito nautico Stani prese a proteggermi da tutti i gaglioffi di congedanti e borghesi che una volta davvero se l'erano presa durissima con me. Mi cacciavo spesso nei pasticci. Quella volta della licenza di due giorni tramutata da me stesso in un cinque piú due con permessini falsi e coperture di furieri e in ufficio al ministero e cose del genere, quella volta in cui credevo di averla scampata mi raggiunge una telefonata minacciosa a casa; devo rientrare immediatamente in compagnia, mi hanno scoperto, il caporale di giornata è stato punito con una settimana per colpa mia e io rischio il processino. Cosí corro a Roma e quando rientro stravolto tutti son lí a dirmi l'hai fatta grossa imbecille e ora la paghi e io che sprezzante urlo la pago la pago bastardi, cazzi miei. E il capitano mi fa un cazziatone della madonna dice che non sono un bambino e che è inutile che giochi a fregar lui e gli altri che queste storie delle fughe le sanno e conoscono da cent'anni e se dovessero beccar tutti non avrebbero altro tempo né per mangiare né per dormire. Però mi credeva piú furbo davvero piú scaltro, pazienza riprenditi la tua licenza e tornatene a casa subito. Io sono lí in piedi su quell'odiosa posizione dell'attenti che non posso muovere manco un braccio e una manina quando invece son sempre gesticolone e maneggione e infatti senza mani riesco a dire niente, sto lí con le lacrime agli occhi stravolto e stanchissimo e dico che la fuga l'ho fatta perché stavo impazzendo e la mia donna è andata in Cina con una borsa di studio e chi la rivedrà? Il capitano mi porge la licenza che io non avevo ritirato essendo scappato due giorni prima, il caporale doveva ritirarla e nasconderla lui, ma s'è fatto beccare ed io di conseguenza. Prendo il foglio e torno a casa, altri due giorni di pausa eppoi ritorno. E allora cominciano i guai perché se ho messo tutto a posto col capitano facendomi calpestare nell'orgoglio, con la giustizia dei najoni il conto è aperto, e qui son davvero cazzi. Interviene dunque Compà Stani che si mette a tramare e smistare relazioni, fa il dolce imbonitore con uno che lavora nel suo ufficio e che è capostecca, quindi signore e padrone, e per di piú di un paesino vicino a casa sua. Poi continua con gli altri ogni sera in quelle riunioni ai lavatoi post-contrappello in cui si discute chi punire per gli sgarri. Viene dibattuta la mia questione, l'offesa va lavata, io mi sono ribellato, ho messo nei pasticci uno e ora devo pagare, occhio per occhio ti getto il malocchio. Compà Stani mi difende, dice tutte delle storie in dialetto che io non capisco però ce la fa, vengo amnistiato e messo sull'avviso per la prossima volta, un passo falso e sono spacciato e bagnato. Ma tutto poi si risolve con il passar dei giorni, loro si congedano e arriva un'altra legge a dominare, sempre cosí, scaglione dopo scaglione alla resa dei conti, una cosa da dar di matto, alle volte mi pareva di essere davvero un idiota a menarmela con questa gente che manco sapeva parlare e stava tutto il giorno a spugnettarsi coi giornaletti e cantare i giorni all'alba, dieci venti o trenta, chicchiricchí e coccodè. Davvero impazzivo. Non tolleravo la violenza terribile di questi ragazzi, questo costituirsi come tribunale del popolo e decidere ogni notte i gavettoni e i lucidi e le schiume a chi aveva sgarrato da non si sa bene quale retta via. Ma quella volta della fuga andò bene, ero già avanti di scaglione s'era a febbraio se ben ricordo e Stani stava entrando nei congedanti. E quel che è buffo fu che lui ottenne la mia assoluzione per un banalissimo motivo: se loro avessero fatto il gavettone da dieci litri di acqua e piscio e compagnia bella avrebbero anche bagnato il suo letto e il suo viso, e questo era inammissibile. I congedanti burini dissero che Stani aveva ragione, non mi si poteva bagnare perché avrebbero spruzzato il nonnino di sotto. Cosí la spuntai.

Ma le storie della camerata di centodieci uomini tutti lí fianco a fianco non sempre andavano cosí lisce. Si capiva che sarebbe bastata una scintilla piú violenta per appiccar l'incendio, in qualsiasi occasione. E fu proprio col congedo dell'ottavo che scoppiò il casino, talmente grande che poi per qualche mese regnò, la notte, il piú assoluto silenzio, i borghesi spegnevano la luce subito dopo il contrappello e ordinavano il silenzio radio. Che da tutti gli sfatti e sfranti della stamberga veniva con gran gioia rispettato. È successo quel che succede ogni martedí d'inizio mese in tutte le nostre italiche caserme, un gruppo di ragazzi che si congeda e saluta il suo passato militare sfogando la rabbia e le amarezze e le sofferenze di dodici mesi in divisa. Noi stavamo già in branda quando loro sono rientrati in venti completamente ubriachi e sfatti cantando a squarciagola e travolgendo tutto quanto avevano sul cammino, brande, armadietti, altra gente, materassi, cuscini, stereo, bottiglie, giornali. Appena si sente questo bordello Stani mi viene a chiamare, dice di saltar giú dal letto immediatamente e di vestirmi e dice anche fai presto Maeshtro, fai presto stanno arrivando. Io non capisco molto bene: un minuto prima c'è il solito svaccamento della nostra camerata con guaglioni che cantano malafemmina, altri che giocano a dama, altri a carte rintanati nelle brande a castello, ci sono quelli che spinellano e quelli che commentano l'ultimo accoppiamento porno e adesso in un attimo tutto un bordello indescrivibile, lucchetti che saltano, catene che traballano, gente che esce di corsa dai bagni con lo spazzolino ancora infilato in bocca e si precipita a vestirsi. Insomma mi infilo la mimetica bestemmiando e mi dico bene ora si balla. I najoni entrano dunque sputando e calciando e reggendo bottiglie di grappe e whisky e fiaschi di Chianti che rosso sbrodola dalle loro gole e vermouth e altre porcherie. E iniziano a sbraitare tutti in divisa sull'attenti al postobranda sennò vi facciamo schiattare luride spine e cosí dicendo vanno ai loro armadietti e si spogliano e si mettono tutto l'armamentario del nayone congedante, completamente nudi, anfibi, basco luccicante di stelline tricolori, stecca in mano e prendono a girare fra le brande e poi uno dice a tutti in mutande forza forza e fanno baciare la stecca e fare il cucu a qualche malcapitato e sempre bere e tracannare e sputare in terra tanto che il pavimento ben presto è peggio di una fogna e io penso ma crolleranno, perdio se crolleranno una sbronza cosí non la si può reggere per piú di un'ora. E infatti ben presto fra il casino e il bordello il capostecca urla voglio cinque spine, datemi cinque spine e tutti i suoi scagnozzi a vedere fra le foto che teniamo attorno alla branda chi è dello scaglione piú giovane.

Cosí ne beccano cinque spauritissimi e appena appena arrivati e li mettono in ginocchio e li fanno ubriacare e se questi non bevono li reggono in tre-quattro e gli gettano la canna in gola e ben presto uno di questi si mette a vomitare e strafogare e allora lo buttano via con una pedata stampata nel didietro. Insomma spostano le brande e cosí il corridoio si allarga eppoi il najone dice ora vi faccio vedere la corsa e cosí dicendo monta sulle spalle di uno di questi e prende a cavalcarlo come un cane e gli altri pure e tutti urlano perché i quattro son partiti e corrono come indemoniati a carponi. Stani fa il tifo e dice pure a me di farlo, ma io ho lo stomaco chiuso e raggelato e lui allora sibila: "Maeshtro non t'azzardà a fare o' fesso, non te sognà, grida fesso grida" e io prendo a urlare e sfogarmi ma non gliela faccio e mi ficco in bocca una bottiglia. Poi i quattro arrivano al traguardo e i ragazzi che han fatto da stalloni si gettano in terra stremati e calpestati dagli anfibi lerci degli altri che versano vino e birra e whisky nelle loro gole senza soluzione di continuità e si spruzzano l'uccello dicendo bevi bevi cocco mio, ma ben presto alcuni cominciano a rantolare e vomitare a casaccio sulle brande e sui vestiti e reggersi lo stomaco e strizzarsi il cervello dio quanto mi gira la zucca, e sbattila! e sbattila! e cosí fan a colpi di testa contro gli armadietti, in otto-dieci son lí a dar zuccate con tutti intorno che urlano oooohhh mentre il caprone piglia la rincorsa e poi uaaahhhhh quando cozza la fronte contro il metallo grigio. Altri najoni invece passano dalle brande e dicono presentati e mettiti sull'attenti e baciamo il cazzo che per me è finita bucchine e per te malefica spina c'è ancora una vita. Poi comincia a schizzare qualche spruzzo di sangue ed è come un'eccitazione senza freno, loro paiono imbestialiti, capocciate della madonna, trangugiano mezza bottiglia di whisky e via contro l'armadietto, sempre piú forte, completamente inebetiti e anestetizzati dall'alcool a ridere sempre piú forte e massacrarsi lí contro e uno dice be' ragazzi ora basta, non l'avesse mai detto, si becca la stecca sul grugno e deve correre ai lavandini a tamponarsi l'emorragia. Finalmente un'antina salta e il najone vincitore viene portato in trionfo per la camerata con tutto il viso macchiato di sangue e lui dice e urla sono il migliore e tutti a osannare e gridare insomma un bordello indescrivibile e noi tutti assonnati, in mutande, stanchi e avviliti a sospirare sol che crollino e si ritorni in branda; ma nessuno tiene conto che lí in mezzo c'è uno che sta veramente male, qualcuno a cui la rabbia sta salendo al cervello e questo qualcuno non è fra i carnefici e non è nemmeno fra gli astanti.

Lui, quello a cui prende a girare la testa veramente male, sta tranquillo a fare il piantone armeria ai bordi del corridoio e della caciara. Appena arrivato al reparto, subissato da servizi sfiancanti e da guardie, senza licenze da almeno cinquanta giorni, fa semplicemente il piantone armeria e sembra che il casino non lo turbi per niente finché il capostecca non commette l'errore di andare a piantare zecche anche a lui sbraitando e vomitando perché non bevi e perché non guardi e perché non festeggi il nostro congedo. Lui non risponde, ha gli occhi fissi al vuoto, lo strattonano e lo prendono, ma lui niente, non si muove finché non lo lasciano perdere lí a terra all'ingresso della camerata. E tornano dentro a far bordello a calpestare e insozzare finché non si sente un urlo disumano che gela la camerata. Da terra il piantone si alza e corre dritto verso il capostecca, furioso, sparato, gli si getta addosso azzannandolo con un morso alla gola, il najone si divincola, ha gli occhi cosí sbarrati che paiono debbano schizzare in aria da un momento all'altro. Si divincola e grida ma quell'altro non cede, gli si buttano addosso in tre-quattro ma son troppo ubriachi e lui lucidissimo e cosciente con i denti ficcati nella gola squarciata del najone che spruzza sangue come una fontana, e allora c'è una bagarre insostenibile e presto tutto il corridoio fra le due file di brande diventa un ring di calci e botte e i cinque che erano stati prima violentati si fanno coraggio e si gettano a menare come ossessi smontando brande e facendo barricate e pestano e urlano ed è come succedesse una rivoluzione perché tutti i nodi vengono al pettine e qualcuno corre a urlare nel piazzale, noi si grida dalle finestre, arrivano le guardie con il tenente di picchetto ma nessuno osa immischiarsi nella rissa. Come una belva braccata il soldato che ha mollato il collo della preda è rintanato in un angolo, ansima e sbuffa, l'altro si contorce come un pesce in una pozza di sangue e di vomito e di whisky puzzolente. Gli armadietti saltano, gli zaini volano, i najoni si gettano improvvisamente nell'angolo, calciano il ragazzo, lo pestano, lo maciullano, gli strappano i vestiti, quello sviene o almeno cosí sembra e poi nel volgere di non piú di un minuto tutto si calma misteriosamente e si estingue. Ma quella notte nessuno riuscirà a dormire, io me ne andrò con Stani nel piazzale a smaltire la paura e il mattino ci vedrà ancora lí con gli occhi sfatti e le labbra gonfie e la barba che punge.

Ma Compà Stani è stato magnifico in quei mesi, io ho messo molto tempo a capirlo ma è stato magnifico. Con lui sarei uscito in libera solo una volta e lo avrei portato al cineteatro Volturno a mostrargli un po' di scosciettare e me lo sarei visto quasi svenire durante la passerella, tutto quel ben di dio a non piú di un metro dalla sua portata. Magico Stani che in fondo era nient'altro che un ragazzetto intraprendente e che mi ha fatto piaceri enormi, ha preso subito in mano lui l'andamento del nostro condominio e si curava della pittatura, della manutenzione e dell'ordinaria amministrazione sapeva sempre in anticipo la data delle ispezioni e dei controlli e cosí eravamo premuniti. Diabolico Stani che strizzava l'occhio perché nella mia antina al posto delle solite fregnacce e figacce che i soldati appendono e delle pin-up con il barilotto aperto e delle tettone, per non dire di certi accoppiamenti che quando arrivava l'ispezione era tutto peggio di un sex shop di Amburgo, ne volavan fuori di tutti i colori, cazzi in gomma, fighe in plastica, preservativi lubrificanti, col serbatoio, in budello di porco, in ventre d'agnello, in prostata di vacca e insomma io avevo appiccicato soltanto una mia foto e i disegnini di Maurice e lui allora strizzava l'occhio, capiva, ma non condivideva. Meraviglioso Stani che poi lascerà nascosta nel mio armadietto una agenda che ancora ho con su questa dedica che ora riporto in tutto il suo fulgore: "Ricordati che per il mondo non sei nessuno, ma per qualcuno sei piú di un mondo" e che scriverà un bigliettino pasquale arrivato qui l'altro giorno e dirà: "Maeshtro, sarò lí per la Strabologna podistica del venticinque aprile. Ti sarà difficile trovare il gruppo Amatori Marciatori Arci-Uisp di Sant'Arpino, ma se ce la fai ti vedo con piacere" e al momento non so ancora se mi sarà possibile andare, però mi piacerebbe.

Alla Macao dunque resto il meno possibile e quelle volte che sono di servizio piantone comandato a ramazzar i cessi e lustrare con la nafta i pavimenti riesco sempre a non parlare e leggere un libro. I miei compagni oltre a Stani sono Lello, avvocato molisano, e altra sparsa fauna siciliana o abbruzzese che proprio non ricordo. Di Lello ho già parlato, era con me al Celio quella prima volta quando ci ha portato a mangiare in una fiaschetteria dietro al Colosseo. È stato trasferito qui con me, ha studiato a Roma e ha un pied-à-terre che sfrutta con pernotti e permessini. Ha la mia età e con lui mi getterò in quell'impresa terribile del Giornale della Seconda BARDIFE che faremo uscire fino a un mese dal nostro congedo. Succede che dopo qualche mese che siamo a Roma il capitano ci chiama a rapporto e dice che avrebbe piacere che la compagnia avesse un giornale come luogo di comunicazione e confronto fra la truppa e i superiori. E ha pensato a noi due. Lello è entusiasta, io molto meno. Ogni mese si affiggerà poi in bacheca questo giornale che altro non è che una decina di fogli scritti a macchina che hanno un editoriale, una rubrica che segnala trattorie e posti economici in cui poter mangiare, un'intervista a qualche comandante e notizie varie dal continente militare Cobar, Coir, Cocer e compagnia bella. Io riesco a scrivere pochissimo però faccio scrivere gli altri e son sempre lí a chieder a questo e a quello di fare una paginetta sul torneo di pallavolo o sulla partita di calcio e cosí via. Mi occupo delle interviste come è successo quando sono arrivati i nuovi tenenti e io mi son presentato dicendo son la stampa e vorrei un'intervista e quelli guardavano con occhio malefico, però poi mi sono fatto raccontare. La perla di queste interviste è stata comunque con un certo sergente maggiore simpaticissimo che proprio non conoscevo perché stava in un'altra compagnia e questo s'era talmente a me attaccato che mi spediva i piantoni in branda all'una di notte perché mi prelevassero e portassero da lui. Serg Magg Bianchin poi mi riceveva in vestaglia da camera con su i gradi d'oro appiccicati e con tutta una colonna sonora che pareva la cappella sistina, un gregoriano da far spavento. E lí a lume di candela cominciava l'intorto e ogni tanto bussavano alla sua porta e lui diceva scusami caro, si ritirava, sentivo che parlottava piano e diceva cose del tipo "son impegnato te ghe dico che son impegnato no? Certo che me ricordo de ti e de la licensa, domani caro, domani". Poi ritornava tutto sorridente e diceva: "Ti me ga da scusar carino, ma ghe se tuti che voglion i miei favór e mi non so mica tanto come far, te capío giornalista o no?". E io dicevo certo sergente certo continui pure il suo discorso e allora Bianchin via che parlava di tutte le sue messe e avemarie e alla fine mi congedava con una benedizione, salvo il giorno dopo farmi arrivare da un messo addirittura in ufficio degli strani bigliettin.

Ma il Bianchin è stato spassosissimo quel pomeriggio d'ozio estivo in cui si chiacchierava all'ombra dalle verdi palme della Macao, lui sul muricciolo, in piedi per poter guardarmi dritto dritto negli occhi e mantenere almeno lí la superiorità di grado, io che mangiucchiavo un ghiacciolo tricolore che mi sbrodolava dannatamente le dita e l'avambraccio; e mentre s'era lí a ciacolar lui continuava a salutare a destra e manca sfavillando l'occhio vispo e facendo strizzatine di bocca a questo e a quello e agitando la manina all'indirizzo di certi bonazzi in shorts da libera uscita come proprio la Queen Elisabeth II che aveva ammirato la settimana prima lí dal Quirinale e per tre giorni altro non m'avrebbe detto: "Una fatina, ea è pari a una fatina, bea, bea, bea che ti non poi capir" e infatti io non capivo se stava lí a belare o che cazzo dire. Insomma mentre siamo lí nel piazzale esotico a un certo punto si fa serio, si china un po' e mi dice: "Carino ghe semo, mettiti sull'attenti che arriva n'altra sorea!" e io ridacchiando mi volto e vedo avanzare leggiadro un certo Maggiore e allora mi rabbuio e batto il tacco e quello: "Comodo, comodo soldatuccio manchiam solo del tè, né?".

Insomma il Bianchin era simpaticissimo, mi potevo nascondere nel suo studio quando scattavano certe pallosissime adunate ginniche convocate ogni quindici giorni per tenerci in forma, inoltre ha anche stragattato per me credendomi di farmi piacere, tanto che mi hanno mandato a un colloquio con il colonnello della Rivista Militare allo Stato Maggiore che mi voleva con sé e io ho declinato l'invito, non sarebbe stato male come lavoro però ero ormai agli ultimi mesi in divisa e non avevo voglia di un altro spostamento. Ma il colonnello della Macao s'infuriò e mi mandò a rapporto e ordinò di andare immediatamente a presentarmi come effettivo al "Sestante" perché certo lui si sarebbe stimato ad avere un suo soldato in quel posto là. Però come ho detto, non ne feci niente, finsi di dimenticarmi o chessoio, avevo già perfettamente capito la logica del nostro esercito se fai tanto di scansarla per i primi dieci minuti è fatta, nessuno si ricorda piú di te.

Comunque io continuavo ogni sera a uscire con gli amici di Piazza Colonna e cosí facendo destavo un qualche sospetto, in camerata tutti chiedevano dove andassi e che facessi che sparivo sempre. Ma per questo sono stato molto abile, ho sempre detto la pura verità, mi vedo con la gente alta di Orvieto e che loro pensassero pure quel che volevano.

Al ministero le cose sono un poco piú complicate ma nient'affatto tragiche. Sto in segreteria della Ottava Divisione Milesercito dove vengono smistate e vagliate le fatidiche domande di avvicinamento che già durante il Car mi han dato filo da torcere. Tutta la mia carriera militare segnata da quei fascicoli, da ricette mediche, cartelle cliniche, stati di famiglia, modelli centosette, dichiarazioni di invalidità e via discorrendo. Il colonnello della Divisione ha concesso fiducia e sono per il momento l'unico soldato di leva che scrive su queste cartelle il parere "favorevole" o "contrario" motivato in base alla Circolare Ministeriale che tutto regola e amministra. È chiaro, il mio è soltanto il primo anello di una certa catena di revisioni, dopo viene un sergente maggiore che corregge, un maresciallo che vista e il colonnello che firma e il Generale Comandante di tutte le divisioni che spedisce a busta ormai piú o meno chiusa. Però dopo i primi tempi un po' indecisi riuscivo a sbrigare le pratiche senza troppi errori di valutazione in brevissimo tempo, anche curandomi di certe situazioni che a parer mio benché non previste dalla circolare abbisognavano di una certa elasticità, insomma su il timbro favorevole. Quante storie mi son passate fra le mani in quei dieci mesi, ho letto centinaia e centinaia di fascicoli, di storie incredibili, madri in lacrime che scrivevano in modo illeggibile al Presidente, gente che diceva di aver sacrificato alla Patria un braccio, una gamba, la propria vita e che quindi ora dalla Patria si attendeva almeno una qualche considerazione, perché se mio figliolo è di Caltanissetta me lo mandate a Pordenone? Di queste solfe ne ho lette e sentite a migliaia per lettera, al telefono, di persona. Subito ero commosso, ricordo una vicenda incredibile di un contadino sardo che aveva fatto scrivere la lettera dal prete della sua parrocchia e alla fine aveva siglato con una croce e io allora presi a girare come un pazzo per i corridoi del ministero facendola vedere a tutti gli ufficiali e dicendo che non era possibile che ci fosse ancora gente ridotta cosí e si spendessero tutti quei soldi per armerie e cose del genere, mi prendeva una rabbia terribile, facevo tutto favorevole finché il colonnello mi ha chiamato e ha detto che se son gentile d'animo sta bene, però vedessi un poco di fare per benino il mio lavoro e non tutta un'avemaria come se fossimo in una confraternita e non nel patrio esercito. Cosí mi sono lentamente distaccato da quelle storie che arrivavano sul mio tavolo ogni mattina timbrate e protocollate e ufficializzate ed era sempre piú difficile leggervi dentro il vero spessore, le vere tragedie che sono davvero tante, potrei parlare di questo a lungo, ma non credo sia il caso. Una volta raggiunta un po' di professionalità che qui non esito a chiamare cinismo, anche il mio umore si è un poco sollevato, sbrigavo piú pratiche e avevo piú tempo da passare ai bar e agli spacci del Ministero con i compagni che raccattavo ai vari piani di palazzo Esercito. Soprattutto piú tempo per le galeotte telefonate di Radionaja.

Ma chi ha immediatamente cominciato a rompere il cazzo nel Ministero è un pecoraio burinissimo della zona di Rieti alto non piú di un metro e sessanta e magrissimo, addirittura filiforme. Questo, tale Quidam, ha un viso cosí terribile che sembra uscito dalla penna di un caricaturista di freaks: testa aguzza e a pera, naso direttamente attaccato alla fronte piccolissima e inclinata e senza alcuna parvenza di orbite, occhi strettissimi e vicinissimi, mento inesistente tutto coperto dalle labbra sottili e sporgenti, peluria sotto le orecchie a cavolo e al posto dei baffi. Quidamquondam non sa parlare e non conosce nemmeno, io credo, l'alfabeto della nostra lingua. Sta in ufficio con me a fare il portapacchi, in un primo momento faceva le pulizie e un giorno s'è infilato nell'Ufficio del Colonnello, lui presente, e ha preso a spolverargli il tavolo con il piumino sotto al naso dicendo: "Spostate cossí n'attimino che te spolvero lu tavolu" e il Colonnello faceva occhi strampalati e si chiedeva se ce l'avesse con lui il Quidamquondam o con qualcun altro, però c'era nessuno alle sue spalle, soprattutto quando il picciotto ha preso ad alzare un lato dell'enorme scrivania e dire tutto rosso "Eh forza, eh forza" cosí che il capo s'è guardato in giro e ha capito che era a lui che si rivolgeva e allora s'è alzato, ha preso l'altro lato del tavolo e lo ha alzato assieme allo scopino. Questi ha rimesso a posto il tappeto, ha spazzato e s'è congedato dicendo pressapoco "Ora te ne stai pulitu Colunnello, sempre comandi al tuo soldato Quondam!" Cosí che impietosito il comandante lo fa restare in ufficio non solo piú come spazzatore degli immobili ma come tuttofare. Il Quidam impara cosí a scrivere a macchina, lentamente, ma impara. Impara a intestare le lettere, a fare i versamenti alla posta di Via Firenze, impara a rispondere al telefono usando il "lei" e non sempre il "tu" (*Driinnn*. Pronti, sono il soldatu comandatu a star qui e te chissia? U generale? U senatore? 'Spetta chi te passo o Signore Colonnellu, 'spetta lí eh.) impara insomma quel po' di cose che nessuna famiglia, né scuola disertata gli ha mai insegnato e che come moltissimi altri della sua razza emarginata solo facendo il servo può apprendere. Ma lui non capisce ancora chi è e che ci sta a fare lí che tutti lo canzonano, proprio non capisce, gli basta raffermarsi, firmare, prendere quella miseria di baffo del cazzo per sentirsi qualcuno, uno che c'è, uno che non si può ignorare. E quindi con me è sempre guerra. Lui non tollera che io appena arrivato faccia un lavoro in un certo senso di responsabilità e non solo il passacarte come lui e quell'altro Scortamiglio Gianfrancesco che è tutto un programma. Questo qui rosso rosso di capelli, con una traspirazione corporea addirittura mefitica quell'estate senza condizionatori, romano piccoloborghese, figlio di un impiegato ministeriale delle Poste e quindi già dalla famiglia programmato a fare il timbracarte per tutta la vita, questo è geometra, poco piú intelligente del Quondam, ma non per questo meno imbecille. È magro, rachitico, curvo curvo, altino con braccia penzoloni che quando cammina si muovono alternate come pagaie, occhi acquosi, bocca storta e una voce a settantotto giri che ogni tanto fa cilecca e allora questo sembra vanverare in play-back. Non fuma e non beve. Ha sempre pastiglie, ricostituenti, vitamine e pillolette per le tasche. Osserva diete rigorosissime e ricette di mamma sua, insomma un abortino di ventanni. Fra i due appunto non scorre buonsangue, anzi. Sono sempre pronti a fare buonviso davanti al maresciallo e al colonnello e poi accoltellarsi nello stanzino dei dattilografi, in fondo alla Divisione, con gridamenti e urlacci in romano e reatino da far spavento, non perché violenti, ma proprio perché assolutamente innocui visto che il massimo che si dicono è stupidu, burinu, imbecille, scemotto, tracagnetto e se proprio fanno i cattivissimi, paraculo. Io sto nel mezzo. Continuo a raccogliere alternativamente le carinerie dell'uno sul conto dell'altro, Scognis dice che Quidam è spia del capitano della Macao e che quindi non devo assolutamente chiedergli di coprirmi per qualche fuga, finirei subito scoperto. Quidam dice invece che Scognis è la spia del maresciallo ed è raccomandatissimo per cui si crede di fare il buono e brutto tempo e non rispetta nemmeno il suo grado di caporalmaggiore l'infame, per cui va bagnato e affogato in branda. Insomma questi sono sempre lí che tramano e che brigano uno alle spalle dell'altro e io comincio anche a stancarmi di stare in tutto questo giamburrasca che pare di essere in un collegio di ritardati, fra orfani imbecilli e mongoloidi. Per cui faccio vita a parte. Anche al ministero dunque mi comporto come alla Macao, sto con gli occasionali compagni d'arme e penna solo per lo stretto necessario, per un panino, una tazza di the al limone o un campari corretto che il Barrese ci intrugliava gratis e di nascosto allo spaccio dello S.M.E. Per il resto faccio le mie pratiche, i miei giri all'archivio dove sta Stani e al terminale dove sta Lello, le mie telefonate, la lettura del giornale imboscato all'ufficio timbri che sta un po' fuori mano, intrufolato in un sottoscala pieno di fascicoli e cartacce e pile e rotoli e cataste e lí dentro, come topi, un tre-quattro soldati guidati da un giovane maresciallo a far timbri tutto il giorno in quella luce fioca ma bellissima e cosí polverosa che trapassa dalle persiane verdi e alte; soprattutto quando faceva caldo io amavo quell'ufficio quasi dimenticato da tutti, mi piacevano quei tavoli macchiati di inchiostri e soprattutto quelle pareti di gialli fascicoli accatastati fino al soffitto. Pensavo che lí non esisteva il tempo, che in fondo la noja dei giorni che scorrono via poteva lí esser solamente registrata dallo scatto quotidiano del datario in cima al timbro in bronzo della Divisione, il piú importante, il piú prezioso, quello che regnava incontrastato sulle altre centinaia di timbri in plastica e che veniva ogni pomeriggio ritualmente riposto in cassaforte.

La stanza dei timbri è allora un luogo in cui fuggire dalle insistenze burine del Quidam e dal puzzo dello Scognis, per poter chiacchierare e sfumazzare con quel maresciallo tutto grasso e gonfio e gonzo che in fondo è onestuomo, un poco pavido ma bravuomo. Ha fatto ai suoi tempi il Lyceum Classico, poi un inizio universitario interrotto dalla donna incinta e dai bollini sul libretto talmente innumerevoli da spedirlo dritto dritto nel trip del militare e non farlo uscire piú. Armando sono quindicianni che sta lí nello stanzino dei timbri a picchiare sulle veline ministeriali come un uomo del sottosuolo. Il suo record martellante è di centoquarantadue timbri esatti al minuto ottenuti però quando era giovane e non adesso che ha piú di quarant'anni e nell'avambraccio comincia a vedersi, ostia se si vede talmente tanto che presto passerà la visita per l'invalidità, e sempre infatti qualche timbro un po' sfuocato e qualche macchiolina e un po' di sfumatura non di certo come ai tempi eroici della prontezza e nitidezza; mai e poi mai però impronte digitali ah no, proprio no o buonsoldato, però ad essere sinceri qualcuna ci scappa, ma il timbro buono e ottimo deve essere nitido, melius abundare quam deficere nell'inchiostratura, mai troppo però sennò trapassi il foglio e insozzi tutto; deve essere rivolto in modo perfetto verso chi lo guarda anche se è orbo, sta a te piazzarlo in modo cosí esatto da poter essere ammirato su tutti i fronti e ci vuol pazienza mio caro et filosophiam, io glielo dico sempre a quei testoni lí che timbrano di qua e di là e sopra e sotto e tutto storto, io glielo dico ogni mattina che è una missione questa del perfetto timbratore, ma c'è niente da fare, non capiscono, non hanno studiato come noi due caro miles gloriosus, che ci vuoi fare, vale atque valeas soldato, vale, vale...

Maresciallo Armando lo incontrerò pure sui treni delle mie licenze brevi diretto a Firenze dove ha la moglie e i tre figlioletti. Per il resto della settimana lui vive in caserma a Roma, continua a quarantanni a fare il collegiale, quanta tristezza mi porterà addosso la storia di Armando per cui mi affezionerò anche, parlerò spesse volte con lui, gli dirò fra quelle carte inchiostrate e le centinaia di timbri sparsi a montagne sulla sua scrivania e le cartacce unte delle pizzette che gli compravo in Via Napoli, un po' delle mie idee sul continente militate, lui dirà che in fondo sono vere, tutti son lí per un pezzo di pane e io per fortuna, per fortuna caro Armando che nessuno di voi ci crede. E gli stringerò dunque la mano la mattina avanti il mio congedo, per la prima volta in borghese fra i corridoi del ministero col jeans, il giubbone e una lacostina azzurra incravattata in una sgargiante regimental verdeblu che tutti gli ufficiali invidieranno perché ha su l'aquila dorata dell'Air Force e loro, basta vedere un poco di militaresco che van in godimento; gli stringerò dunque la mano molliccia e sudaticcia e macchiata di inchiostro e timbrature e gli dirò che mi farò vivo, primaoppoi ci si rivedrà maresciallo Armando, ma questo non sarà vero, sarà una piccola menzogna. Ai militari una volta ho detto addio, l'unico vero e lungo addio della mia vita.

Intanto non vedevo piú il mio Lele, le nostre licenze non combaciavano per cui quando lui era a

Roma io stavo a casa e viceversa. Inoltre a Piazza Colonna non lo si incontrava quasi piú, una volta Beaujean riferí di averlo visto passare per Via del Corso con la testa china, lui che di solito ergeva il suo bel viso sopra tutto e tutti, e di aver avuto cosí la sensazione che volesse scantonare la vasca di Radionaja, infatti passò oltre senza nemmeno voltarsi agli starnazzi suoi, di Vincent, del Pedé e della dolce e cara Baffina.

Cresce cosí la storia con Maurizio, lo vado a trovare su a Tor di Quinto una domenica che fa il comandante della guardia e si presenta in parlatorio tutto impeccabile nella sua mimetica tanto che io gli dico, si vede che la usi poco coccomio, sembri appena uscito dalla vestizione. E infatti il bel Maurice è imboscato benissimo in Compagnia, quasi l'uomo di fiducia del suo giovane capitano che se lo porta alle scuderie a trottare, in campagna e persino a casa sua sulla Salaria; e gli ha messo a disposizione uno stanzino sopra al Minuto-Mantenimento nel quale Maurizio lavora di pennello e spatola, fa quadri per il capitano, il comandante e i generali, fa bozzetti e cartoncini per certe scene di guerra e di valore che adornano l'aula di compagnia, insomma il pittatore tuttofare. E per i suoi servigi non fa né guardie né servizi se non proprio il minimo indispensabile per passare di grado da caporale e caporalmaggiore e congedarsi da sergente.

Quella domenica dunque di un ottobre fulgido che presto però si sarebbe sciolto in piogge e acque insistenti e noiose e addirittura gelide, ci salutiamo nel parlatorio tutto sistemato come un salottino da discoteca con divanini in velluto e stereo e addirittura piccolo bar. Ci guardiamo e ci abbracciamo, lui fa un salto fuori dalla porta, controlla che nessuno sia nei paraggi e allora mi salta al collo e mi bacia ringraziandomi per essere venuto, il nostro primo bacio, il primo segno di una relazione continuamente interrotta che sarebbe durata fino al suo congedo e poi anche oltre fino ad estinzione quella fatidica notte milanese.

Maurizio è davvero un bambino, bacia come un forsennato, appena fai tanto di sfiorargli le labbra subito t'inghiotte. Mi piace, mi piace, i suoi occhi, le sue gambe alte e affusolate da adolescente, la sua piccola lingua. Dopo quella sera dalla Vecchina in cui ha riversato tutte le sue domande senza risposte, sera condita dalle solite lenticchie e salamelle e litri di bianco dei Colli, Maurizio ed io ci vediamo regolarmente. Andiamo un paio di volte a cena dal Tom-Tom in compagnia di Beaujean, giriamo per Roma allacciati infilandoci nei vicoli bui a limonare forsennatamente come due ragazzetti, passeggiamo ai fori tenendoci per mano, lui spesso la ritrae non appena vede arrivar gente, ma io lo serro e gli dico che è un punto a nostro favore tutto questo che non abbiamo paura di nessuno mai e per di piú cosí, teneramente uniti dal nostro affetto. Per le strade di Roma per le piazze e i giardinetti dunque passeggiamo nella dolce consuetudine delle nostre mani intrecciate sostando ogni tanto a berci dalla bocca e io sarò contentissimo e dirò che cosí libero e padrone di me non mi son sentito mai, che deve essere quest'aria frizzantina, questo tramonto e questo cielo blu a farmi sentire cosí, devono essere i turisti, i romani, non lo so, ma non succederà mai piú che io passeggi in patria per mano con il mio ragazzo, davvero mai piú. E quando viene l'ora del rientro in caserma lo accompagno a piazza Augusto Imperatore per l'ultimo tram e anche lí i nostri saluti sono baci e abbracci nascosti dietro gli autobus verdi o le statue delle basiliche. Andremo poi molte volte sui gradini dell'Ara Pacis ad attendere quell'ora fatale del rientro e lí persi nel traffico del lungotevere e distesi su quelle pietre dolcemente declinanti avanzeremo un petting frenetico sempre singhiozzante non appena le urla dei najoni che rientrano giungono come frecce avvelenate a disturbare le nostre intimità a cielo aperto. Cosí mi stanco delle limonate dietro agli autobus e sui muriccioli e negli angoli dei palazzi sempre con il rischio per Maurice di essere riconosciuto dai compagni di galera e quindi sputtanato. Sono stanco, stramaledettamente stanco che ci traffichiamo per le strade e sono lí, negli anfratti, sulle panchine buie di Castel Sant'Angelo, nei vicoletti di Trastevere, davvero non ne posso piú. Vorrei una casa, una topaia, un tetto per le nostre storie. Sono quelli giorni in cui continuo a menarla con Beaujean per il fatto che non abbiamo uno straccio di posto per toglierci dalla strada e che tutto quel po' che combiniamo avviene sempre lí, in piedi, inginocchiati, sdraiati in terra, dietro a un cespuglio, sulla gradinata buia di una chiesa. Sono terribilmente avvilito di gettare tutto il mio affetto per le strade polverose e come unica tana la caserma, la camerata, la mia branda cigolante persa fra decine di altre brande uguali, anonime, uniformi, la vita del soldato. Ma con Sorriso non si va piú in là di tanto, oh sí una gran bell'amicizia, visite guidate a tutti i musei, matinées domenicali ai teatri, cinemini d'essai e cineclubs, Accademia di Santa Cecilia e Goethe Institut, ma niente di piú, lui continua a dirmi che non è gay e che non lo sarà mai e che mi vuole bene solo come amico e per questo mi rispetta, ma quel che fa lo fa solo per rendermi contento perché la insisto tanto. Ma non me la dà a bere, proprio no e cosí litigheremo disastrosamente una sera in trattoria quando io dico che voglio il riconoscimento teorico della nostra storia, che esigo che lui si dichiari apertamente e solarmente omosessuale, che per me è di capitale importanza, una ragione di vita o di morte, che senza quella bolla lí ben timbrata e protocollata io non mi sento di andare avanti, proprio no. E lui sorriderà e dirà che so già come la pensa e che è tutto inutile, fai pure quel che vuoi. Cosí ci lasciamo in Governo Vecchio e non ci rivedremo per qualche settimana. Ma le mie antenne sono sempre pronte a captare qualsiasi segnale provenga da Maurice, non faccio che parlare di lui con Baffina e Beaujean, non faccio che far romanzi attorno alla nostra storia e insomma dico che quello è frocio sputtanato ma non ha colpa, è ancora troppo giovane e non sa come va il gioco; in fondo io non posso esser violento, avrà anche lui tempo per scoprirsi queste intensità, oh l'avrà, non lo posso di certo sapere ora ragazzi ma quel che è sicuro è che su di lui mi gioco il braccio, le gambe e puranco la mia testa: è dei nostri. Ma Baffina dirà che non è vero che mi sbaglio e faccio anche male a comportarmi cosí, volere tutto e subito anche quello che non si può e Beaujean dirà che son tutte cazzate, in queste cose patti chiari godimento lungo. La storia con Maurice mi disastra tutto, prima il Grandelele e ora lui, sono stanco, davvero molto stanco.

Poi arriva una telefonata da Radionaja, Maurizio ha beccato lo scolo, sta al Celio ma non si può assolutamente dire con il giro della Vecchina, corro all'Ospedale Militare, lo trovo alla Dermo in quello stesso stanzone in cui la primavera scorsa ho dormito anch'io appena appena arruolato. Ha gli occhi gonfi, dice che si vergogna tanto e vuol sapere come ho fatto a rintracciarlo. Gli dico che tutto questo non ha importanza e non mi frega niente, guarirà in nemmeno cinque giorni, però c'è una cosa che mi deve dire in tutta sincerità e nel nome del nostro passato affetto, è successo con una donna o un ragazzetto? Maurice non ha esitazioni, dice che senz'altro dev'esser stata una tedesca con cui ha scopazzato la settimana prima in uno di quei suoi week-end a Frascati dove ha il cugino e una dependece di casa sua. Dico che lo capisco, sono sollevato e lo saluto.

Ci rivediamo poi a sua completa guarigione e lui spingerà i suoi baci molto in là con quel suo fare infantile che mi ha completamente rapito in quel poco tempo che ci siamo conosciuti e per parte mia anche amati. Ma il tempo incalza, lui sta per congedarsi e tornarsene ad Arona e io voglio assolutamente concludere, non mi frega piú tanto di riconoscimenti teorici, anzi, il modo per arrivare al top è forse proprio nel non chieder nulla, lasciare che i corpi si attraggano, e le scintille scocchino, senza parole, senza discorsi, lasciarsi, abbandonarsi sotto a questo cielo romano che odio, troppo persistentemente presente nelle mie storie da essermene nauseato. Finché poi ci si saluterà con Sorriso a Termini, sul treno del suo congedo, lui piangerà come un bambino, mi ficcherà la lingua in bocca davanti a tutti e mi dirà ti voglio rivedere. E ci si rivedrà appunto a Milano per quel week-end fatto di ristorantini cinesi e bettole sui navigli e discoteche alla moda, ci si rivedrà e allora, prima di finire finalmente a letto insieme, confiderà bevuto e stracannato che a Roma aveva un trentenne amante fisso per tutti quegli otto mesi e che non l'ha mai detto perché si vergognava e che al Celio era andato per via di una storia con un ballerino ramazzato a Piazza Barberini e quei passaggi a Frascati altro non erano che porcellonate con un regista istraeliano ramazzato a Valle Giulia. E io allora gli dirò sei una lercia e stupida e presuntuosa figlia di vacca, solo questo sei, un pezzo di troja da far schifo. Cosí vanno le nostre storie, ma poi faremo all'amore, non mi piacerà piú di tanto sarò sempre lí a chiedermi quale sarà il prossimo colpo, basta una sola menzogna perché il dubbio travolga tutta una vita; faremo all'amore dunque e poi, una volta venuto, come sapete, telefonerò in lacrime a Beaujean e a Palermo e dirò agli amici che avevo visto giusto, che non mi ero sbagliato, questo era una troya e noi, merda, non ce ne siamo accorti. Mi dichiarerò dunque vittorioso quella notte, magra vittoria per un anno di tradimenti.

Ma le occasioni della vita stupiscono mai abbastanza nella loro insensata frammentarietà che poi un bel giorno miracolosamente si salda in una sottile e delicata vibrazione che riaccorda e riannoda e uniforma il tono di diversi percorsi e allora, nonostante i dolori e le precarietà dei nostri anni giovanili la vita sembra rivelarsi come una misteriosa e armonica frequenza che schiude il senso e fa capire; e allora in quell'attimo abbagliante tutto pare ricomporsi nella gioia di sentirsi finalmente presenti agli occhi della propria storia, la pazzesca consapevolezza di trarre a sé tutti i fili intrigati e sparsi del proprio passato come sta appunto succedendo a me, ora, nella luce calda di questa città in cui ogni giorno, miracolosamente, incontro qualche personaggio di questa storia che vi sto raccontando a distanza di anni da quando è accaduta, Giorgio non piú visto da quell'inizio di leva ad Orvieto che viene a salutarmi l'altra notte sugli sgabelli dell'American Bar, una sera ormai inoltratissima davanti a un paio di Martini spregevoli a cui sto domandando il senso di un mio impasse esistenziale e narrativo; e Alfonso che domenica sera, nella discoteca di Riccione mi raggiunge con una bajadera al braccio urlando: "Ehi tu, sono il Barzetti del Sesto granatieri!" e mi picchia sulla spalla benché ci sia visti solo un paio di volte sui treni delle nostre licenze brevi, e il pedé trovato oggi pomeriggio nel battuage di Via Indipendenza alla disperata ricerca di una marchettina quindicenne che lo fa dannare e impazzire... Ma le occasioni della vita stupiscono mai abbastanza nella loro disperata frammentarietà che in un attimo si salda e poi, un attimo dopo, svanisce inghiottita dall'insensato ritmo delle ore e dei giorni.

È allora una Roma fredda, piovosa e bagnata, spazzata da pungenti raffiche di vento che si insinuano tra le gambe e le braccia quella che io percorro solitario senza piú i miei amici, tutti spediti al Sud a spalare macerie e rivoltare i cadaveri del sisma del ventitré novembre. È una Roma ormai definitivamente invernale quella la cui luce si spegne già nel primo pomeriggio e che io scruto annoiato stretto nel mio giubbone di tela bianco seguendo meccanico come un androide i passi che portano ogni sera, insistentemente dalla Vecchina e su quei tavoli mandar giú le piovvigginose pietanze e bere il giallino dei Colli che mai come ora fatica a scaldare. Ma questa è anche la gelida Roma in cui incontro Erik, il mio volpacchiotto Erik, il mio amore per sempre.

Siamo dunque lí nelle tre stanzette di via Laurina a casa del Bertrand con Nico e Betty e Valentin e tutta una caciara di intellettuali romani e signorine mondane e vecchie chire appena reduci dal Teatro in Trastevere per la prima del nuovo lavoro del nostro ospite, appunto il Bertrand.

Con Nico ci siamo stracannati di ero sul suo Toyota dopo aver girato mezzaroma per beccare il puscher, lo abbiamo poi trovato a San Lorenzo in compagnia di una ragazza stracciata e sfatta che s'è dovuta accompagnare fino al Piazzale Flaminio per l'autobus suo, ma tanto era sulla nostra via. Cosí dal Bertrand ci facciamo davvero bene, lui continua a chiedermi di Miguel, io dico che non ci starà mai, è inutile che lui la meni, dovrebbe avere una figa come una caverna per contenerlo e questo proprio non mi pare gli sia possibile né ora né mai. Ma mentre son lí appoggiato al muro che osservo tutta questa fauna zampettante e cicaleccia i miei occhi acquosi e rossi si fermano un istante sull'Erik che è questo ragazzo austriaco sui trentaquattro-cinquesei, capelli biondi e lisci lisci e radi e scantonati sulle tempie alte, barba a posto, abbastanza corta e a ciuffetti scuri, grande bocca e largo sorriso, occhi chiari non saprei se sull'azzurro o il verdepallido, altezza piú che ottima, diciamo un metro e ottantotto, cosí ad occhio e croce. Indossa una giacca in tweed che non si toglierà per tutta la serata e un dolcevita color lampone e un paio di jeans a tubo e ai piedi un paio di calzature da sballo, scarpe davvero ottime e che anch'io metterò piú avanti, rossocuoio e lavorate a mano. Ma in quel primo sguardo che vorrei dire distratto anche se so benissimo che non lo fu, non trovo nulla di cosí affascinante in lui, un bel ragazzo questo sí, raffinato e composto e non gesticolante ma niente di arrapante su due piedi come ad esempio il Grandelele. È invece molto probabile che io sia stato soggiogato già quella prima sera dal suo modo di accorgersi di me guardandomi di taglio con la coda dell'occhio e spingendo la testa nella direzione opposta; oppure dal suo modo di rispondere garbatamente alle insistenze smaniose di una virago quarantenne che gli sta sempre addosso e non lo molla un attimo, quando insomma basta avere un po' d'antenne e si capisce che l'Erik quelle cose lí non le fa proprio. Ci siamo poi rivisti casualmente alla biglietteria del Parioli per uno spettacolino barocchetto di cui Erik ha curato le musiche, niente di speciale sia chiaro, però un buon professional. E lí nel foyer ci siamo detti che forse in un qualche luogo ci si era già incontrati e infatti lui ha detto dal Bertrand, o certo ora lo ricordo, è stato per quella noiosissima serata dal Bertrand. Ed è finita che siamo andati in un pub lí dietro per un drink e ci siamo chiacchierati e io ho detto che mi avrebbe fatto molto piacere uscire una sera tranquilla con lui per un concerto, diciamo sabato prossimo al Nazionale. Ma Erik ha detto che era occupato, ora sta lavorando al missaggio del nuovo film e deve riguardare certi arrangiamenti che il regista vuol modificare e quindi è tutta una seccatura, lavorare nel cinema è davvero una seccatura, soprattutto per un musicista come lui, tutti lí a dar ordini e comandare e manco sanno, i poveri, scrivere un sibemolle in chiave. Però anche questo si fa visto che me lo sono scelto io come mestiere e ci ho anche penato dietro appena arrivato qui in Italia che avevo ventanni o poco piú, è stata dura, davvero dura.. però ad essere sincero nemmeno piú di tanto.

Con Erik ero intenzionatissimo a non smollarmi alla prima occasione e anzi, piú vedevo che fra di noi cresceva l'interesse e forse anche la voglia, piú io tenevo duro, discretamente, ma non volevo buttarmi subito lí sul letto e buonanotte. Anche se Erik mi incuteva una soggezione che un po' mi inibiva, io lo desideravo. Sapevo già, probabilmente, che quella sarebbe rimasta una storia unica e importante nel fluxus della mia esistenza per cui non volevo sciuparla, volevo curarla, farla germogliare affinché poi sbocciasse in un grande amore. E Bertrand mi diceva, tienilo caldo fidati di me che Erik è già innamorato alla follia.

Con Erik è dunque quello un periodo in cui ci si sente abbastanza, il concerto per il sabato va buco, ma ne fisserà subito uno lui per il giovedí successivo. Cosí, senza insistenze e senza troppe telefonate, le mie settimane hanno un nuovo scopo e una nuova ragione di vita. Poi viene Natale, prendo la licenza ministeriale e torno al borgo, anche Erik torna in Austria, ci si rivedrà soltanto alla fine del gennaio successivo quando finalmente le piogge si asciugheranno in un anticipo primaverile che mi vedrà brillare in tutto il fulgore di questa nuova storia.

I Granatieri di Sardegna rientrano alle caserme romane il dieci di gennaio dopo cinque settimane di ordine pubblico fatte là dove già sapete. La notte di capodanno accendendo la televisione a casa di amici del borgo, su in montagna, per lo stappo della mezzanotte, ho visto Miguel; smagrito, ancor piú pallido di quando l'ho lasciato a Roma, gli occhi infossati e bui nonostante il colore del televisore fosse spinto al massimo. Il giornalista intervista dunque i nostri prodi soldati che stanno per festeggiare il nuovo anno sotto le tende e la neve delle baraccopoli dell'esercito e sembrano tutti lí festanti e giubilanti attorno al fuoco e abbagliati dai fari delle telecamere che paiono boy scouts in viaggio di nozze. L'inviato speciale si avvicina a un gruppo di najoni che fan sorrisi e strepiti e agitano la mano zozza per salutare i nonni e i babbi, e allora sbuca fuori un cazzo di generale che dice piú o meno che è venuto anche lui al freddo e al gelo per brindare nelle gavette dei suoi soldati e patire con loro i disagi di questa vita che è spartana ma sommamente formativa e insomma c'è di che star tranquilli o gente cittadina dell'Italia, finché avrete ragazzi spassionati come questi non vi potrà succeder alcunché di male. E allora è tutto un viva viva e botti e giubili e il vinaccio da campo viene versato nelle gavette rancide e tutti son lí a bere e festeggiare, gli incoscienti, tutti meno Miguel, appena appena inquadrato in una panoramica veloce, ma è lui, non può essere che lui.

Caporalmaggiore Beaujean invece ha scritto un bigliettino giulivissimo in cui dice che fa niente da mattino a sera, ordini non ci sono e nemmeno lavoro ora che l'emergenza è finita, solo far le guardie ai depositi di vestiti e alimentari che sennò ti fregan tutto. E scrive che s'è imboscato al Quartier Generale delle operazioni da campo e sta lí su una cassa a prender fonogrammi e portarli in giro sulla jeep da un punto all'altro del terremoto e ha anche un aiutante autista bellino e carino che gli porta tutte le trousse e le pochettes in quei viaggi per i monti e per le valli tanto che quando arriva lui all'avamposto pare arrivi Mister Livingston tanti pacchettini e portatori ha dietro alle spalle. Beaujean sembra se la passi nemmeno tanto male, non certo come in quel periodo di ottobre in cui era sbattuto a fare le guardie una dietro all'altra e proprio cosí, di ritorno da una settegiorni di servizio continuo a Monte Romano ce lo eravam visti apparire a Piazza Navona in una sera di pioggia insistente e fredda, durante un raduno radicale. Eravamo Lele, Guglielmino, Miguel, Baffina, Sorriso, il Pedé e me, rintanati ai tre scalini bevendo grappe a ripetizione e ci vediamo sbucare dalla pioggia fitta fitta il Beaujean intabarrato nel suo pastrano nero, grande sciarpa di lana antracite che strascicava nelle pozzanghere e cappellaccio alla fra Diavolo, pallido, smagrito, diafano, una figata di apparizione insomma tanto che io sbrodolavo tutto e gli facevo festa e gli dicevo sei bellissimo e sublime, tutto un trip preraffaelita e parnassiano, tutta una bohéme e un preromantico, un look funereo e cimiteriale e sepolcrale, insomma amico mio che hai fatto? E lui è quasi svenuto nelle nostre braccia tossicchiando perché era raffreddato alla follia e allo stremo delle forze tanto che io ci son rimasto di un male, ma di un male, perché bello e affascinante e misterioso cosí Beaujean non è mai stato, lo giuro. Insomma quello è stato il suo periodo nero che era venuto a ruota di un altro nerissimo, poiché come si sa le sfighe uno se le tira appresso come avemarie. Beaujean infatti era innamoratissimo di Faccia-da-Cazzo un tipo che poi mi presentò talmente sex, ma cosí tanto che appunto te lo faceva veder lí, negli occhi. E con questo granatiere gigolò erano diventati amicissimi, si leggevano le centouno storie zen prima di addormentarsi, si davano appuntamenti alla mensa e allo spaccio, si facevano fotografie e ingrandimenti, si chiacchieravano per tutta la notte, insomma quelle cose lí da ragazzini affettuosetti, però Beaujean non s'azzardava ad andare piú in là di tanto per paura di perderlo quindi solamente qualche doccia presa insieme, qualche misuramento di genitali e qualche lotta sulle coperte distese del magazzino in cui la belva lavorava. Insieme rollavano canne su canne e allora quand'erano completamente fatti la belva gli saltava alla gola e diceva che se lui cosí bello e sensibile e colto e affettuoso fosse stato donna lo avrebbe scopato volentieri, cosí in un attimo. E Beaujean che rispondeva, ma no, ma no cosa ti salta in testa e cosí facendo cercava di togliersi da quell'abbraccio mortale, poiché se avesse continuato anche un solo secondo in piú gli sarebbe partito il robo e allora come giustificarsi? Cosí durante quel freddissimo autunno la belva arrivò addirittura a unire la sua branda a quella del Beaujean e farla diventare come un letto matrimoniale e ficcarsi lí nudo e senza veli accanto al corpo bollente del Giane e dicendogli, la bestia, ma sei sempre tutto caldo, che fortuna cosí scaldi anche me.

I chiarimenti sono poi sopraggiunti la sera avanti il congedo dell'Undicesimo, Faccia-da-Cazzo e Beaujean che si abbracciano e piagnucolano come proprio diciottenni e si dicono ci rivedremo, oh sí che ci rivedremo, ma questo non succederà mai piú, un amore rovinato e come un bene consumato, non ti torna indietro mai. Loro comunque sono sempre lí che si abbracciano e si tastano finché Beaujean non spinge la lingua in fuori e quell'altro se la becca in un sol colpo, tutta e per di là, eppoi salta su dicendo non sarai mica frocio, no? E Beaujean figurati! Frocio io! Cosí hanno continuato a limonare per un po', ma Beaujean era tutto un mollamento di dolore e un lasciamento di terrore, di chi si era innamorato accidenti, per chi aveva buttato le notti a sospirare, chi aveva cercato nelle adunate e negli spacci e nelle marce, sempre lui, solo lui, la sua belva, che ora sta stringendo ma è come se stringesse al cuore solo il proprio dispiacere.

Faccia-da-Cazzo supersex se n'è poi andato con

il suo torace savanico e l'occhio selvaggio e il culo prorompente e a dir la verità anche un po' basso; se n'è tornato al suo Piemonte in festa lasciando il Beaujean stracciatissimo e completamente a secco, lo sentivo per telefono, gli chiedevo come va e lui sospirando, ma come vuoi che vada, sono qui smessa e sfatta che paio un baccalà.

Temevo quindi per i bollori del Beaujean quando Radionaja ha informato della loro partenza per il Sud, ma il suo bigliettino m'ha disteso e mi son detto che siamo davvero bravi, i migliori, sappiamo adattarci e non menarcela per piú di tanto. In fondo una volta scottati per benino e fino in fondo niente può piú succedere, il peggio è andato.

A Piazza Colonna quella sera del solenne rientro siamo proprio tutti al grancompleto con gli umori effervescenti delle grandi occasioni. E cosí ci imbarcheremo in ottodieci verso la Vecchina per tracannare e cantare come matti in onore al nostro tempo ritrovato e lí, in Banchi Nuovi, troveremo anche Baffina da un po' alla macchia ma si capisce subito il perché. Infatti lei è tutta immersa in una tavolata siciliana con il marito Jerry Caltanissetta, la di lui sorella con l'amante Edy, e l'amica del cuore Giò, piú un certo signore calvo e luminoso che non si fatica piú di tanto a riconoscere per il Conte Borsky, quello che ci aveva provato a Piazza di Siena, accidenti è digià passata un'altra estate. E allora uniamo i tavoli di Free Sicilia con il nostro giro e il Conte che sluma e quasi sviene a vedere tutti questi bei soldati, tanto che paga tutto lui, cinque giri di grappa compresi. E cosí ci mischiamo fra canti e grida alla fauna acciaccata e gracidante che lí staziona, fauna ultra ottantenne ma nient'affatto sconfitta dal tempo; infatti sono sempre dalla Vecchina a far baccano e cantarellare stornelli accompagnandosi con la chitarra e mostrando in giro foto dei bei tempi, quando calcavano le scene e facevano tournées folkloriche a Chianciano Terme e fra questi c'è una simpaticissima sdentata con l'aria di essere ancora sulla breccia nonostante tre vedovanze, due conflitti mondiali e cinquesei parti che non le son sopravvissuti. E sta lí tutta truccata con i suoi fintiori liberty a ricevere il baciamani dei ringalluzziti coetanei che se la spupazzano e l'applaudono quando recita a memoria e nel silenzio generale non uno, non due, ma dieciventi sonetti sporcaccioni del Gioacchino Belli. E cosí fra porcellonate giacobine e gerghi insulari e canti nordici tutto il salone rigurgita e rimbomba fra abbracci e risa e stringimenti e puntamenti della Edy che proprio non si stanca di guardarmi, la rospetta. Poi vengono issate le imposte con l'Alfredo padrone che finge di cacciarci via ma noi si sta lí fino a tardi tanto tutti abbiamo un permessino, si sta lí e si canta come se il tempo fosse fermo in quell'osteria cosí romana da sembrar tutta emiliana, le nostre storie, il momento ardente delle nostre vite intrecciate al di là degli anni e della storia. Eppoi percorriamo Governo Vecchio tutti incatenati sotto le ascelle, io son con Grandelele ritrovato e Beaujean e Miguel tallonato dal conte Borsky e il vino circola ancora portato a spalle dalle retrovie, Pablito, il Pedé e tutta Free Sicilia. Poi a Piazza San Silvestro ci salutiamo e io dico al Jean che forse ho una storia nuova non lo so ora ma presto lo saprò. E lui mi abbraccia e dice spero vada tutto bene, sentiamoci al telefono domani, anzinò facciamo fra una settimana che sto partendo per la licenza premio.

L'ultima settimana di gennaio Erik si fa vivo al ministero, dice son tornato e avrei piacere di vederti, ti sta bene il prossimo week-end? Io dico di sí, cercherò di tenermi libero, poi subito a combinare il numero dell'Ascietta, Beaujean risponde, gli dico bellamia ormai ci siamo. Corro poi in Compagnia alla Macao e mi metto in fila per i rapportini e quando sta il mio turno batto i tacchi al capitano e chiedo un trentasei. Cosí arriva il sabato, finisco con l'ufficio a mezzodí mi butto sotto le docce gelide della Macao e corro dall'Erik in via Archimede visto che son due giorni che telefono e non riesco a beccarlo, sempre occupato. Lui viene ad aprirmi al cancello del villino in cui abita da solo; ci salutiamo, gli dico che l'ho cercato ma che non rispondeva per cui eccomi qua. Ah sí, fa lui distrattamente, devo aver staccato il telefono, scusami tanto cosí che io capisco che voleva proprio avermi lí all'appuntamento costringendomi a farmi vivo. Beviamo qualcosa, un tè leggerissimo e affumicato con un po' di latte, saran le quattro e mezza del pomeriggio. Erik passeggia nel salotto, mette un disco. Si siede accanto a me, mi guarda. Mi alzo per riporre la tazza e gli dico se ha pensato a qualcosa per il pomeriggio perché mi andrebbe di uscire. Dice che si potrebbe fare un teatro, controlliamo sul Corriere e decidiamo per Sankay Yuku che ho già visto l'estate prima alla rassegna di via Sabotino con Nico e Betty, ma che lui ancora non conosce. Prendiamo l'auto, si va all'Argentina, si vede lo spettacolo che per fortuna piace. Nel foyer Erik mi presenta ad alcuni amici suoi incontrati lí tra una sigaretta e l'altra, poi mi tocca sul braccio e dice o torniamo subito in platea o ce ne andiamo via, proprio non li reggo. E allora io dico torniamo da te che non ne posso piú ed Erik sorriderà, oh come si stringeranno i suoi occhi quella magica volta, mi circonderà con un braccio e scapperemo verso la sua tana. E lí finalmente staremo insieme.

È scesa la sera, Erik chiede se voglio mangiar qualcosa, io che sto benissimo cosí nel suo letto ma se mi sforzo proprio uscirei per mandar giú un boccone svelto svelto prima di rientrare in caserma. Erik mi guarda e mi bacia le dita e dice che aveva tutta l'intenzione di chiedermi di passar da lui la notte ma non aveva considerato il fatto che son soldato imprigionato. E io allora rispondo che volevo sentirmelo dire questo, che se lui ci tiene proprio posso fare qualche telefonata e sistemare tutto, cioè passar la notte lí. E allora Erik dice fallo subito ti prego, intanto vado al bagno. E cosí io tutto raggiante mi vesto e raggiungo Erik lí dalla doccia e gli dico vedi questo foglietto, era già tutto a posto ma lo avrei mangiato se tu non m'avessi chiesto di rimaner con te, e allora lui strabuzza gli occhi e dice ridendo che son terribile, meglio guardarsi dalle mie grinfie.

Lí nel ristorante cinese chiacchieriamo distesi e finalmente appagati della nostra storia e soprattutto, ora si può dire, di ciò che abbiamo pensato l'uno dell'altro in questo mese in cui ci siamo benemale conosciuti. E cosí, parlando e sbacchettando giungiamo al sakè e ne beviamo tre-quattro a testa finché io non sento tutto un bollore dentro e ho voglia di scappare a casa e ficcarmi fra le sue braccia, gli dico Erik per favore andiamo da te. E allora via sull'auto che io guido nel traffico incasinato del sabato notte e finalmente davanti alla sua casa, nel giardino, nella sua tana d'amore.

Nessuno mi bacerà mai piú come il grande dio Erik, non saran certo Lele né Sorriso né altri ancora, nessuno saprà mai piú contenermi in un modo cosí caldo e acquoso e bagnato e molle e profumato, nessuno mi succhierà dentro le orecchie come sapeva fare Erik, il bravissimo, il migliore. E nessuno mi farà soffrire tanto quando ci lasceremo e ancora io chiederò a me stesso se davvero amavo il mio Erik, se ero tutto per lui come dicevo o se invece altro non è stata che una bella storia nata all'improvviso e non programmata, una delle tante storie che sempre ogni giorno ci auguriamo accada di nuovo e il cui solo pensiero basta a spingerci la notte, ogni notte, alla ricerca di quel cesto di braccia fingendo con noi stessi e mentendo, poiché l'amore è come un dono degli dei che si muove sulle ali del vento sempre inafferrabile e sempre inseguito; l'amore non è mai là dove lo cerchiamo e vola via da dove lo crediamo. Proprio per questo e dell'amore e degli dei dobbiamo imparare a fare senza.

Ma intanto sono completamente rapito da quelle ore passate accanto al mio Erik, tutta la notte non s'è dormito, sono troppo agitato benché abbia fatto l'amore e in modo bello e appagante, non voglio lasciare le dita di Erik alle quali sono intrecciato, sento di scivolare nel sonno, che la mia presa si allenta e ho paura, cosí resto sveglio, non voglio precipitare in me, voglio stare qui fra le gambe del mio Erik, spiarlo nel sonno, incollarmi alla sua pelle e al suo corpo che amo e che finalmente ho scoperto, le braccia di Erik, le cosce di Erik, la sua nuca, i denti, la lingua, gli alluci di Erik, il culo di Erik, il cazzo di Erik... e quando ormai è mattina basta uno spostamento del suo corpo sul mio per sentire di nuovo la voglia e il desiderio crescere e accavallarsi dagli occhi alle mani al sesso, facciamo un amore assonnato e semicosciente, ci rivoltiamo nel letto, ci baciamo e lui mi dice voglio che mi vieni in bocca e io gli dico anch'io lo vorrei, se non conosci la razza del tuo amico che razza di amico sei?

Verso mezzogiorno un sole pallido entra dalle persiane aperte filtrando attraverso i rami morti degli ippocastani e i lunghi aghi degli abeti ancora gocciolanti. Erik mette un nastro e va in cucina e dopo una buona mezzora torna con un vassoio enorme ricolmo di ottime cosucce che par debba sfamare un battaglione e la fame che io ho è davvero quella, mando giú le uova strapazzate, imburro pane nero, bevo Jasmine Tea, spalmo i croissants salati di robiola valdostana e gelatina di more, poi il caffè, un po' di formaggi dolci e ancora caffè questa volta con latte e infine una canna con del buon marocco che Erik tiene in un cassettino, cosí che poi ho di nuovo sonno e l'abbiocco mi prende fra le braccia del mio amore, torniamo a letto, chiacchieriamo teneramente, la musica ci accompagna, viene la sera e nessuno ha ancora osato mettersi addosso uno straccio di vestito. Alle ventitré è il mio Erik che m'accompagna alla Macao, mi lascia giú in Castro Pretorio, lo sfioro sulla barba, sono stato bene, gli dico, davvero tanto.

La storia con Erik va a gonfie vele, non facciamo che telefonarci e darci appuntamenti malandrini davanti al Ministero o all'ingresso della Macao. Comincio a seguirlo nel suo lavoro faremo un motivetto insieme e alcuni pomeriggi andrò con lui alla Vasca Navale per visionare in moviola il lavoro appena terminato e gli dirò che è tutto perfetto e lui davvero fantastico. Con gli amici dunque mi vedo un po' meno ma Radionaja smista le mie novità e il telefono dell'Ottava Divisione mi aggiorna quotidianamente sulle storie delle sorelle. Beaujean verrà poi a trovarmi in ufficio un mattino in cui gli telefonerò mezzo disperato e gli dirò che non gliela faccio piú a stare fra questi militari che mi rubano il tempo e le voglie e le energie quando invece vorrei essere tutto dell'Erik e vivere solo accanto a lui e respirare solo per lui; e allora dalla Tiburtina Beaujean arriverà in completo drop con su tutti i nastrini biancorossi del granatiere e ci abbracceremo e gli offrirò un caffè allo spaccio dello Stato Maggiore e lui alla fine dirà io credo di conoscere quel che senti, davvero ti invidio. Ma il tran-tran con Erik ha una pericolosissima caduta angosciosa una di quelle prime sere insieme, siamo lí da Piazza Ungheria per mangiare un hot-dog svelto svelto, saranno al massimo le nove della sera. Usciamo dal bar e salgo in macchina, abbiamo già fumato molto, ridiamo per niente, io ciondolo come una marionetta attorno al suo collo lungo, Erik dice qualcosa in tedesco, io che se fa cosí non lo capirò proprio mai. Siamo dunque in auto e iniziamo a baciarci forsennatamente e mordicchiarci, io gli dico che lo amo e lui che questo non lo vuol sentire, allora io faccio occhio torvo e dico davvero io ti amo e lui diciamo piuttosto che stiamo molto bene insieme, tutto qui, Ich bin nur ein Bahnhof auf deiner Strasse... Poi mi avvicina l'orecchia al capo, la sovrappone alla mia e inizia a strusciarsi sempre piú forte, avanti e indietro e in circolo, sempre piú svelto, anch'io seguo il ritmo, avanti e indietro e dentro, non sento l'orecchia, il lobo è infuocato, strusciamo ancora piú forte, sento il suo rumore dentro, il sangue mi va alla testa, non ragiono piú, Erik continua a stantuffarmi nell'orecchio, lo incolla al mio, lo unisce, lo attacca, lo fa aderire, lo ficca dentro e ruota e ruota e gira e sospira, sempre piú svelto, piú forte, piú caldo, caldo bollente, e geme e anch'io gemo e parto e sudo tutto, non avverto i rumori circostanti piú niente, solo il ronzio del suo cervello e del mio ormai a fuoco e poi anche le teste si strofinano e le nuche, davanti, di lato, di sotto, di dietro eppoi ancora le orecchie calde e bollenti e piene di sangue e umidicce e allora sospiro e mi allargo e prendiamo a ridere, ci fermiamo un istante ansanti, io dico nessuno m'aveva mai scopato con un orecchio e il dio Erik ridacchia, mi spinge dentro uno di quei suoi baci da sballo e allora gli dico davvero non ho piú un buco che non sia tuo e lui riderà ancora, davvero stiamo troppo bene insieme, troppo... È successo tutto lí dopo la scopata elefantina di Piazza Ungheria quando Erik ha sussurrato "troppo" e poi piú niente, nessun'altra parola, come inceppato. Ci siamo guardati negli occhi un attimo, lui li ha subito riabbassati di taglio, ha acceso il motore della macchina ed è partito, ho avuto paura. Nella sua stanza da letto abbiamo poi fatto l'amore, Erik è venuto, io no, la testa continuava a ruotarmi male, proprio male, stringevo le spalle bianche di Erik mentre tentava di entrarmi dentro, lo baciavo sui capelli, lo accarezzavo fra le natiche, arrotolavo le mie dita nei ciuffi del suo ventre eretto, mi dicevo sono qui con l'Erik e sto scopando e io lo amo alla follia, ma questo non basta, accidenti non basta proprio. Non era mai succeso e ancora non s'è mai ripetuta quella vibrazione di paura che mi ha irrigidito il cervello fin quasi a ibernarlo in una zona staccata, completamente fuori. Io amo il mio Erik, ma non mi basta e c'è nient'altro, assolutamente nient'altro, che io possa fare. Tutto il mio amore s'era rivoltato improvvisamente in una zona desolata di angoscia, che può fare di piú un uomo quando ama oltre l'amore?

Comincio a star male, con Erik ci vediamo soltanto in quei week-end di un febbraio luminoso e assolato, io che voglio solo stare a letto e riposarmi dalla settimana in divisa, lui che deve lavorare per il nuovo film e pare abbia solo una settimana per scrivere la musica. Dormo solo, Erik tira di coca tutto il giorno e di notte non dorme, non fa che passare dal pianoforte al tavolo al mobilebar, sempre cosí, qualche accordo, qualche appunto un drink. La domenica mattina è ancora lí a lavorare quando io mi sveglio, ha il viso stravolto, non concede nemmeno un bacio e per il resto lasciamo stare. Me ne vado, gli telefono piú avanti durante la settimana, sono riuscito ad avere un pernotto e vorrei dormire a casa sua. Ospitalissimo Erik dice vieni, ti aspetto e poi quando arrivo non risponde al citofono, torno al bar per telefonare e ancora niente. Arriva mezzanotte e sono ancora lí sulla strada cercando di tirare sassolini alle sue finestre. Finalmente mi verrà poi ad aprire verso le due, io che urlo il suo nome come una lupa e i vicini che abbaiano inferociti e minacciano di chiamare il centotredici. Quando lo bacio per salutarlo mi vien voglia di dargli un cazzotto ma vedo che è troppo fatto, troppe cicche nella stanza e troppi bicchieri attaccaticci. Cosí me ne vado a letto e il mattino dopo alle sei e trenta la sveglia telefonica comincia ad urlare, mi alzo, mi vesto con la drop, cerco di chiamare un taxi che non trovo. Vengono le otto e sono ancora lí, allora sveglio Erik che s'è appisolato sul divano e gli dico portami tu al ministero sennò son guai mi cacciano in Mancato Rientro e non mi congedo mai piú. Lui sta per bestemmiare, ha lavorato tutta notte e solo alle prime luci del mattino s'è messo a riposare, ma non impreca piú di tanto, visto che è signore non lo fa e cosí mi accompagna in Via Venti Settembre e mi lascia lí, solo un buffetto assonnato sul viso. In ufficio sto malissimo, scappo nella stanza dei timbri ma viene subito il Quidam a rompere il cazzo e dire che sono nu stupidu che scopu tutta notte e nun lavoro di giorno e chitte credi di essere, forza veni eh veni di là da u maresciallo che te le sona! E io gli dico senti pezzo di merda che non sei altro, io ti rovino, ti sbatto giú dalla finestra se solo t'azzardi a sfiorarmi razza d'un pezzente burino e allora lui se ne scappa con quella sua andatura gobba che altre volte mi avrebbe divertito alla pazzia, ma non oggi, oggi certo no. E torna col maresciallo e tutto il personale del mio ufficio e allora il capo chiede se ho menato il Quondam e io dico no, certo che no anche se volentieri l'avrei fatto e lui allora dice "Non badare a questo imbecille però se solo ti azzardi a mettergli le mani addosso te ne torni disponibile in compagnia, è chiaro?". E io mando giú la rabbia e dico al maresciallo ora me ne vengo con lei in ufficio mi dia cinque minuti per bere un tè allo spaccio. E allora torno alla segreteria faccio qualche pratica di avvicinamento ma la testa non funziona, vado ai terminali e in sala medica a chiedere al colonnello medico alcune spiegazioni di certificati ambulatoriali che non riusciamo a decifrare, insomma faccio un po' di lavoro ma sono completamente sfatto, in qualsiasi stanzino entro trovo il modo per litigare, me ne vado sbattendo le porte e dando dell'incapace a tutti cosí che alle due del pomeriggio ho una sfilza di richieste di punizione e cicchetti e cazziatoni da far spavento. Ma a me la fauna orba e storpia del ministero non fa né caldo né freddo, li disprezzo tutti, le segretarie che non lavorano, i sottoufficiali che parlano solo di campionato di calcio e altro non san fare che schedine e sistemini, gli zoppi, gli sciancati, i paralitici, i guerci, i lesionati, gli invalidi, i mutilati, tutti lí, tutti lí, infognati negli ascensori e negli uffici a passar carte e fare un cazzo e tutto sulle spalle dei soldati di leva, tutto il lavoro, io sto a dar di matto, vado al bar dell'ebreo e mentre sto lí a far la fila per il talloncino arriva uno che pare un'ameba perché allunga il braccio davanti e io mi volto per vedere chi è sto sfegatato e allora c'è questo qui che ha un braccio lí e l'altro ancora all'ingresso e una gamba a metà sala, insomma un mostro schifoso con la lingua bavosa penzoloni tanto che quasi io gli mordo il braccio in segno di disprezzo per lui e tutta la sua corte dei miracoli. E mentre giro avanti e indietro per i fascistissimi corridoi cercando di smaltire la rabbia torna il Quidam a pizzicarmi e allora faccio finta di niente, vado svelto e lesto e questo cagnettino dietro che per fare un passo dei miei gli ci vogliono i motori al culo e lui sta lí a sgambettare e far cài-cài e leccarsi le ferite e dice dormi bagnato stupidu e tutte le avemarie del gergo militare, ma io non lo sento nemmeno e svoltato un corridoio mi arresto di botto e mi giro, lui mi sbatte con la zucca a cavolo sulla pancia e quasi cade a terra, lo calpesto e me ne volo via.

Poi un bel giorno dico all'Erik che non gliela faccio piú, non mi fa scopare e manco riposare e allora che cazzo di storia è? Dove saran finiti quei gloriosi primitempi che continuano a frullarmi in testa come in un rallentatore? Dimmelo tu Erik, io lo so che non mi ami ma perdio diciamocelo, se non mi vuoi proprio rivedere dillo e sia finita, però se lo dici mi ammazzi fino in fondo. Ed Erik resta lí un po' perplesso sorseggiando lento il caffè leggermente appoggiato alla seggiola di ferro battuto col sole del giardino che gli taglia il viso e dice niente, mai avvertita cosí astralmente distante una persona. Insisto e insisto e piagnucolo e alla fine Erik mi abbraccia e dice che s'è comportato male, ma è stata colpa del lavoro tu lo capisci no? E io dico che certo lo capisco ma non lo reggo questo ritmo e in fondo sono a fare il militare e anch'io ho tutti i bordelli del caso, insomma io ti voglio bene e voglio star con te, adesso, subito ed Erik si alzerà e dirà che sono peggio di un bambino, faremo all'amore sulla veranda quel pomeriggio rotolandoci per terra fra le cicche e i bicchieri e i dischi e gli spartiti che volano leggeri e frusciano sotto i nostri corpi come foglie tenere della primavera, un tappeto di musica per poter sognare ancora un po'.

Il giorno dopo arrivo al Ministero alle nove e mezza sfrecciando giú dal taxi davanti all'ingresso secondario del palazzo per non farmi scoprire da un qualche capoccia rompicazzo, ma becco tutt'intera la brigata della mia divisione scesa in strada per le colazioni e le pizzette e questi allora mi gridano dietro e mi fan beffe che arrivo a lavorare in taxi e in ritardo come una primadonna e io togliendo il basco dirò certo carimiei io sono la divina e allora giú frizzi e lazzi, davvero divertente mattinata al ministero. Poi succede quella cosa che ho già annunciato pagine indietro, insomma sono lí davanti al terminale del cervello elettronico per sbrigare un paio di pratiche e sono lí da dieci, venti, trenta minuti in piedi e strafattissimo per la notte insonne.

Allora dico al tecnico che se il terminale è guasto me lo dica pure che non farò la spia, ma lui è pressissimo dalla storia che sta cercando di inserire e manco mi degna di un'occhiata. Ma gli viene bene niente e allora da un gran cazzotto al cervellone, si volta e chiama l'ufficiale e dice ma questa è proprio strana quel nome non salta fuori e il calcolatore s'inceppa e allora anche l'ufficiale si mette a stragattare sulla tastiera, ma c'è niente da fare, attendi attendi e salta sempre fuori il tracciato *Concurrent Date Base*. E allora l'ufficiale telefona giú alla sala del cervello elettronico e dice che il suo terminale ha qualcosa che non va, non è possibile che ci sia da piú di un'ora un'interferenza su di un nominativo. Allora da giú mandano un tecnico il quale smonta il video e dice è tutto a posto, tutto in ordine. Richiedono cosí un'altra volta il nome del soldato e il calcolatore dopo un qualche segnale s'inceppa di nuovo, loro bestemmiano e poi d'un tratto lo schermo verdolino s'illumina e salta fuori un "Nome sconosciuto al terminale" e via la rotellina che trascrive sulla carta perforata. Riprovano e questa volta esce un "Militare Congedato" tanto che si guardano e dicono questo terminale da di matto, come è possibile che risulti tutto questo se la pratica di sto imbecille lo da ancora a Orvieto? Cosí mi si drizzano le orecchie chiedo permesso e guardo sul monitor il nominativo richiesto e allora m'illumino e prendo a ridere e dico, ma questo lo conosco, la so io la storia tutt'intera. Cosí che poi mi mandano a rapporto dal Generale Comandante di Milesercito e lí spiego quel che so del Rotundo e della sua richiesta di rafferma che appunto stan vagliando, magico Rotundo che con la sua disastrosa carriera militare ha mandato in tilt persino il computer della Difesa.

Sono euforico quel mattino, le armonie della vita che si rivelano e tutta la solfa del caso, sto bene e racconto la storia, quella stessa sera, a Piazza Colonna a tutto il giro magicamente ricomposto dopo le licenze premio e le ordinarie e tutti che chiederanno che ho fatto e dove mi sono cacciato e io dirò soltanto, sono stato bene, spero di continuarlo ad essere ancora per un po'.

E invece tutto si squaglia con Erik in una notte litigiosissima con scazzamento ad altissimo voltaggio e terminale crollo nervoso. Lui che infognato nel lavoro non ne può piú di me, che sta sempre lí a far programmi e organizzarmi i finesettimana nemmeno fosse l'alitur. Io che dico non stare a menar cazzate, non ne puoi piú di me e basta. Eppoi tutta la solfa che ha girato mezzaroma che io appena sveglio voglio assolutamente del rock decadente e cimiteriale e ad altissimo volume e lui invece musica barocca e altre storie cinguettanti e passerotte di zufoli e violini e viole del pensiero. A questo punto si capisce che siamo alla resa dei conti, c'è piú niente da fare, un amore terminato è peggio di un impero devastato, tutto un tramonto verso i secoli bui. Eppure si tenta un recupero, Erik che dice crudelissimo bene da adesso proponi tutto tu, vediamo che cazzo sai combinare oltre a metterti l'uccello in aria che pare sai fare solo quello e per giunta nemmeno cosí bene. E allora io gli dico bene signore in carrozza, e cosí dicendo ciuffiamo gli impermeabili e usciamo nella notte romana. Guido io, guido. Faccio un paio di sensi vietati lí dai Monti Parioli, poi scendo da Valle Giulia e mi immetto nel casino del lungotevere oltrepasso il Palazzo di Giustizia e via verso Banchi Nuovi, parcheggio con uno strattone lí da Castel Sant'Angelo e presto entriamo nel tanfo dell'osteria della Vecchina. La mia rivincita è dunque portare a cena il sofisticato e raffinato Erik Kollendhorf nel troyayo della fiaschetteria, metterlo a tavola con tre-quattro ubriaconi che presto iniziano a importunarci di domande, fargli buttar giú il bianco dei colli e quelle lenticchie che mi hanno nutrito per tutti i mesi dell'inverno. Erik è impacciato, deve continuamente ruotare su se stesso per permettere agli ubriachi di raggiungere il cesso e svuotarsi. Loro gli appoggiano le mani sulle spalle, lo strattonano, lo urtano e lui sempre prego, dignitosissimo e cortese. Ma io leggo nei suoi occhiverdi l'odio di essere lí incastrato e quando arriva la Vecchina con i soliti involtini e trippa alla mentuccia, lui chiede secco una fettina che proprio non esiste. Costretto dunque a mangiar insalata verde il non piú mio Erik si destreggia ora con una cariatide sdentata e lercia di quasi novantanni che gli sta facendo tutta una tiritera sul fatto che prima era conte e barone e diosacosa e ora proprio niente, solo uno svuotino senza roba alcuna. Ed Erik che stropicciandosi le mani dice interessante, davvero, curioso nel suo italiano perfetto ma sempre con quella musicalissima cadenza gutturale della sua linguamadre, un sex da stramazzar lí di brutto. Io continuo a mangiucchiare, faccio piedino all'Erik, lui fa scatti terribili con la testa ma non riesce a licenziare l'ubriaco, finché anch'io appagato mi stanco pago il conto e dico mi hai già fatto divertire cazzarola d'un bell'Erik, ti porto a nanna. E lí in auto lui che me ne dice di tutti i colori e racconta balle che non stanno né in cielo e manco in terra tanto son grosse. E si capisce che non vuole darmela vinta, dice guarda quel posto era magnifico, una fauna cosí popolare e autentica, ma esistono ancora questi posti sublimi in Roma? E io che penso ohhh ci siamo, adesso chissà che teorizzazioni, chissà che saggi. E infatti lui salta fuori con la sua giovinezza austroungarica e le birrerie e le sbornie e tutto quel folk e quel pop che s'iniettava a litri negli anni del conservatorio, ma io non credo a un cazzo, niente di niente. E giunti in Via Archimede io dico ora entro solo un attimo, chiamo il taxi e me ne torno alla Macao, posso? E lui fa certo. Cosí mi attacco al telefono e mentre sono lí che sbevazzo un cognac vedo l'Erik che mi scruta dal divano. Dico che c'è? E lui, niente. Capisco che è furioso. Poi dice "C'è una cosa che non mi va giú di questa storia. Che solo a sfiorarti mi vien duro".

Sarà quella l'ultima volta che ci vedremo, ci si lascerà il mattino successivo dopo aver fatto l'amore con un'intensità che nemmeno ricordavo, ci siamo regalati questo addio, tutti e due decisi a costruirci in quell'ultima notte almeno un buon ricordo. Erik ha detto addio nel modo migliore in cui poteva dirlo. Per parte mia anche adesso, ascoltando la sua voce che canta *Nur ein Bahnhof*, sto cercando la maniera giusta.

Ma Renzu, il mio grandamico Renzu lo rivedo per l'ultima volta in una bella mattinata romana di fine marzo a non piú di una decina di giorni dal nostro congedo, lo rivedo per l'annuale parata dei granatieri inguantato e lustrato e intruppato con altri mille come lui incolonnati a mostrare al popolo d'Italia la prestanza della propria gioventú; lo rivedo il mio Renzu che marcia e sfila giú da Via Nazionale al suono della grancassa e della marcia dei Granatieri di Sardegna fra tutto un popolo festante di reduci con gli alamari biancorossi di stoffa al collo e bandiere tricolori dai palazzi e gagliardetti della Brigata che penzolano dagli alberi al vento di questo marzo finalmente primaverile. Il tam-tam di Radionaja ha dunque trasmesso la notizia della granparata militare, la voce è arrivata alle mie orecchie mentre passavo da Campo de' Fiori diretto al Settimiano dall'altra parte del Tevere, credo sia stato il Beaujean che non rivedevo dalla sua ordinaria a passare la notizia, senz'altro lui s'è attaccato al mio braccio nella bottiglieria di fianco al cinema, perché io stavo già lí a sbronzarmi da qualche tempo e quindi lui è arrivato dopo. Fattostà che dopo i nostri abbracci lui dice tutta la storia della parata e del raduno nazionale dei Granatieri per cui alla Brigata stanno risistemando capannoni e ali delle caserme e corridoi per accogliere tutti i reduci spediti dall'Associazione e loro, i militari di leva, devono lavorare come pazzi, sgomberare magazzini e soffitte, portare da un posto all'altro della fortezza carichi di brande e materassi, raddoppiare i servizi alla mensa e cosí via perché verranno anche un paio di compagnie dalla Grancarri di Civitavecchia e una delegazione da Orvieto per cui si potranno rivedere Renzu e l'Agi Carcassai e Pietrino Veronese e insomma tutta la combriccola dell'Orvietnam che da allora non si è vista piú. Cosí quel giorno fatidico esco presto dal Ministero con un permessino e corro verso le nove e mezza alla Macao perché la parata storica partirà da lí e invece la sfilata dei reduci e degli ex-granatieri da Santa Maria Maggiore per congiungersi poi al corteo in Piazza Esedra e da lí scendere insieme per Via Nazionale fino all'Altare della Patria dove ministri e generali e presidenti e medaglie d'oro li attenderanno insieme a picchetti della marina, dell'aeronautica e dei carabinieri. Alla Macao è tutto bloccato, la polizia impedisce a chiunque di percorrere Castro Pretorio, una compagnia a cavallo smista il traffico verso il Policlinico e l'Università, il percorso che fra poco i granatieri percorreranno è in parte transennato, gagliardetti tricolori dappertutto, bandierine e fregi a fiaccola. Mi appunto al petto il tesserino magnetico del Ministero della Difesa con su la foto e i timbri; arrivo davanti all'ufficiale di picchetto che però non mi vuole fare entrare e allora io dico ma come, ma come? Sono l'inviato speciale della rivista Esercito e devo assolutamente veder tutto, ho un appuntamento con il comandante di RAMDIFE e lei mi ferma qui? Alla fine lui acconsente e io sgambetto veloce verso la piazza d'armi dove i granatieri del Cingio sono già schierati in plotoni davanti ai camion e fra questi c'è naturalmente il Grandelele lí in prima fila con la faccia stravolta sotto al sole che su quel cemento incatramato comincia anche a battere senza troppi complimenti. Poi arrivano altri dieci-undici camion e questi provengono dall'Ascietta e fra questi soldati in guanti bianchi riconosco gente del Car e tutti si sbracciano e io corro da un camion all'altro e stringo mani e rido come un pazzo tenendomi calcato il basco in testa che ci prende gusto, il maledetto, a volarmi sempre via; ma poi arriva un tenentino di due metri e mi dice di girare al largo che pare che arrivino gli americani e invece non è vero. Finalmente altri traballanti CM e fra questi cinque da Civitavecchia. Io sono lí nel piazzale, in piedi sul muricciolo sotto le palme, i camion mi sfilano davanti e io mi sbraccio e grido Renzu, Renzu e finalmente vedo l'Agi Carcassai che fa un versaccio e grida il di me nome come un indemoniato. Ma Renzu non lo scorgo, proprio non gliela faccio, so che c'è ma come distinguerlo fra altre centinaia simili in tutto a lui? Poi finalmente la banda prende a suonare la marcia dei granatieri, i ragazzi in costume storico sfilano come tanti tableux vivants, davanti quelli del Seicento, poi quelli napoleonici, poi quelli del regno e cosí via. Allora corro verso l'uscita e mi arrampico sul muro del Castro lungo il viale e lí li vedo sfilare tutti, proprio tutti, finché nel plotone in fondo non scorgo Renzu, impassibile, sudato, lo sguardo dritto, la mascella serrata, le mani inguantate e rattrappite sul fucile, il suo passo cadenzato. Ma lui non può scorgermi. Cosí corro avanti fino a Piazza Esedra fra i passanti esultanti e scolaresche vocianti e il fiume dei reduci che mi travolge fra alamari di stoffa biancorossi e visi vecchi e storpi e gridamenti e tutti lí ad applaudire ed acclamare i prodi granatieri, gli autobus fermi sotto il sole, i taxi che suonano i clacson, la gente che guarda e s'affolla prima di qua e dopo di là e a questo punto uno mi mette una mano sulle spalle e dice piú o meno ehi ehi che felice rivederti, ed io mi volto ed è quell'odiosissimo tenente Stravella con il capitano di Orvieto e allora sono infognato lí con loro a parlottare, ma intanto la parata si snoda e già sta per scendere per via Nazionale tutta indrappeggiata con striscioni e coccarde patriottiche e sempre la gente che esulta e acclama, gruppi di reduci già imbriachi che si trascinano abbracciati fra un bar e l'altro e hanno ricamate sul giubbetto tutte le battaglie e le spedizioni che han fatto e medaglie e medagliette e fregi sui baschi come dei goliardi, ma io sono lí intrigato con questi due e non gliela faccio a smollarmi finché non approfitto di una loro distrazione e scappo via, ma Renzu, il grande amico Renzu non si accorgerà di me finché quasi non lo sfiorerò con un versaccio e allora lui finalmente volterà un attimo il viso al mio indirizzo e io salterò sulle teste delle persone e correrò fra le transenne e mi sbraccerò gettando il basco in aria e lui nient'altro farà che una smorfia trattenuta e raggelata, lí in prima fila del suo plotone, al centro, ecco Renzu che mostra il pregio della sua razza marchigiana, il Renzu dello Champagne fregato a Orvieto e delle canne e delle sbronze per le stradine della rupe, il Renzu dei seggi elettorali, il Renzu che saltava davanti al duomo cantando il mio nome con quel suo sound preziosissimo che non ho piú sentito, mai piú, il Renzu ora inquadrato che non può parlare né muoversi lí intruppato e incastrato da far paura e io che continuo a chiamare il suo nome correndo giú per Via Nazionale passando davanti a Grandelele a Miguel e Beaujean e tutti gli altri che sfilano e marciano e battono il tempo della grancassa, e gli grido sto bene caro Renzu e fatti vivo e lui storcerà gli occhi, solo quelli e finalmente i nostri sguardi si incontreranno per un attimo fra la folla e sarà come ci fossimo detti mille cose e io riderò a quello sguardo e m'illuminerò a quel suo bagliore, Renzu che spinge le pupille nell'angolo dell'occhio e mi incontra e io prenderò a gridare di nuovo spingendomi fra la gente e le donne e i turisti e i marocchini, mi farò largo in quella calca di persone che strepitano e applaudono e sorridono, ma Renzu non potrà dir niente, manco una parola, manco un saluto con le mani o un gesto di bocca, segnerà il passo e alzerà il fucile davanti alle autorità, ma dirà niente, solo la grancassa che strabatte la marcia e la mia voce Renzu, Renzu che si smorza infine nel caos di Piazza Venezia stracolma di auto e di gente.

Ma il viso di Renzu, colto in quel colpo d'occhio giú per Via Nazionale, resterà sempre un flash abbagliante nella mia esistenza come il corpo del mio amatissimo Lele baciato l'ultima volta il sei di aprile dietro Largo Argentina, ci saremmo congedati il giorno dopo e non ci saremmo piú rivisti; Lele che se ora tornasse anche solo per un saluto fra le mie braccia mi getterebbe in una nostalgia senza limite e probabilmente altro non saprei fare che piangere e lacrimare nell'incavo di quel suo collo meraviglioso, ed Enzino e Magico Alverman e Pablito che sta a Frith Street anche adesso che io scrivo e Miguel con cui ci siam visti prima dell'Inghilterra e Baffina che passerà da noi, alla casa di Via Morandi, all'inizio del mese prossimo, e Sorriso che ancora insiste nonostante tutto il peggio fra noi sia successo, ma lui da grandingenuo sempre lí a scrivere e chiamare, e Beaujean che ora sta dormendo sui libri di là, nell'altra stanza, e tutti gli altri che continuo fortunosamente a incontrare a mille miglia di distanza mentre sto scrivendo questa storia, poiché le occasioni della vita sono infinite e le loro armonie si schiudono ogni tanto a dar sollievo a questo nostro pauroso vagare per sentieri che non conosciamo.

Bologna, 23 aprile 1982

La narrativa nell'"Universale economica Feltrinelli"

Alechem, *La storia di Tewje il lattivendolo*
Aleramo, *Una donna*
Allende, *La casa degli spiriti*
Allende, *D'amore e ombra*
Anonimo, *Alice: i giorni della droga*
Babel, *L'armata a cavallo e altri racconti*
Bell, *Le carte segrete di Mary Brandon*
Bellow, *Addio alla casa gialla*
Benni, *Terra!*
Blixen, *La mia Africa*
Borges, *L'Aleph*
Borges, *Altre inquisizioni*
Bukowski, *Compagno di sbronze*
Bukowski, *Musica per organi caldi*
Bukowski, *Storie di ordinaria follia*
Chamberlain, *Donne sciabole e cavalli*
Chandler, *Blues di Bay City e altri racconti*
Chandler, *L'uomo a cui piacevano i cani e altri racconti*
Conrad, *Fino all'estremo*
Corti, *L'ora di tutti*
Croce, *Bertoldo, Bertoldino. Con "Cacasenno" di A. Banchieri*
Duras, *Moderato cantabile*
Erdman, *Il mandato*
Forster, *Casa Howard*
Forster, *L'omnibus celeste. Racconti*
Gordimer, *Un mondo di stranieri*
Grass, *Anni di cani*
Grass, *Gatto e topo*

Grass, *Il tamburo di latta*
Hamilton *(a cura), Sul sentiero di guerra. Scritti e testimonianze degli Indiani d'America*
Handke, *L'ambulante*
Handke, *Prima del calcio di rigore*
Hoyle, *La Nuvola nera*
Istrati, *Kyra Kyralina*
Kerouac, *I sotterranei*
Lawrence, *L'ufficiale prussiano e altri racconti*
Ledda, *Padre padrone: l'educazione di un pastore*
Lee, *Il buio oltre la siepe*
Lessing, *Il diario di Jane Somers*
Lessing, *Il taccuino d'oro*
London, *Il richiamo della notte*
London, *Il Tallone di Ferro*
Lowry, *Sotto il vulcano*
Manfredi, *Ultimi vampiri*
Mann, *La morte a Venezia. Tonio Kröger. Tristano*
Mann, *Padrone e cane e altri racconti*
Markandaya, *Nèttare in un setaccio*
McCarthy, *Gli uomini della sua vita*
Miller, *Primavera nera*
Miller, *Tropico del Cancro*
Miller, *Tropico del Capricorno*
Mishima, *Confessioni di una maschera*
Mishima, *Dopo il banchetto*
Mishima, *Il padiglione d'oro*
Mishima, *Trastulli d'animali*
Mishima, *La voce delle onde*
Onetti, *Per questa notte*
Onetti, *La vita breve*
Pasternak, *Il dottor Živago*
Peretz, *Novelle ebraiche*
Puig, *Fattaccio a Buenos Aires*
Puig, *Una frase, un rigo appena*
Roa Bastos, *Figlio di uomo*
Saramago, *Memoriale del convento*
Scorza, *Cantare di Agapito Robles*
Scorza, *Il cavaliere insonne*

Scorza, *La danza immobile*
Scorza, *Rulli di tamburo per Rancas*
Scorza, *Storia di Garabombo, l'Invisibile*
Stravinskij, *Cronache della mia vita*
Tomasi di Lampedusa, *Il Gattopardo*
Tondelli, *Altri libertini*
Wilde, *De Profundis*
Woolf, *Le tre ghinee*
Yourcenar, *L'Opera al nero*
Zamjàtin, *Noi*
Zangwill, *Il re degli schnorrer*

Stampa Grafica Sipiel
Milano, aprile 1989

4930

P. V. TONDELLI
PAO PAO
1ª Ediz. - Aprile 1989
Feltrinelli Editore - MI